国家电网公司
电力科技著作出版项目

电动汽车
技术与发展

Electric Vehicle
Technology and Development

刘建明 孙 蓉 张 宇等 编著

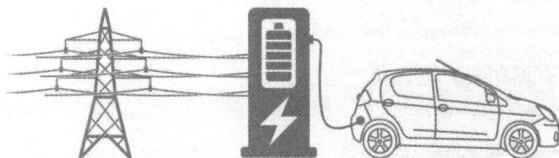

中国电力出版社
CHINA ELECTRIC POWER PRESS

内 容 提 要

我国出台了一系列发展电动汽车的规划和政策，电动汽车的市场规模正在迅速扩大。各电网公司、高等院校、制造生产企业等单位积极开展电动汽车、基础设施、涉网运行安全、商业运行模式等方面的研究，攻克了许多关键技术难题。随着规模化电动汽车的应用与推广，电动汽车迎来了快速发展的时期。

本书以电动汽车的技术和发展为主线，通过对现有发展情况的研究和实践成果的总结，阐述了国内外电动汽车的发展历程，系统介绍了不同行驶范围的电动汽车、电动汽车政策标准及专利情况、电动汽车动力电池、充换电技术、互联互通技术、电网互动技术、配电网的影响与对策、商业模式等方面内容，展望了今后电动汽车技术的发展趋势。

本书可为各电网公司、高等院校、制造生产企业等单位人员提供使用和学习参考。

图书在版编目（CIP）数据

电动汽车技术与发展/刘建明等编著. —北京：中国电力出版社，2017.11（2018.5重印）
ISBN 978－7－5198－1038－2

Ⅰ.①电… Ⅱ.①刘… Ⅲ.①电动汽车 Ⅳ.①U469.72

中国版本图书馆 CIP 数据核字（2017）第 190066 号

出版发行：中国电力出版社
地　　址：北京市东城区北京站西街 19 号（邮政编码 100005）
网　　址：http://www.cepp.sgcc.com.cn
责任编辑：王春娟　王　南
电　　话：010 - 63412876
责任校对：郝军燕
装帧设计：张俊霞　左　铭
责任印制：邹树群

印　　刷：三河市百盛印装有限公司
版　　次：2017 年 11 月第一版
印　　次：2018 年 5 月北京第二次印刷
开　　本：710 毫米×980 毫米　16 开本
印　　张：13
字　　数：223 千字
印　　数：2001—4000 册
定　　价：58.00 元

编　委　会

前　言

随着全球能源危机的不断加深，石油资源的日趋枯竭以及大气污染、全球气温上升的危害加剧，各国政府及汽车企业普遍认识到节能和减排是未来汽车技术发展的主攻方向，发展电动汽车将是解决这两个技术难点的最佳途径。

中国高度重视清洁能源发展，大力推动节能减排新能源汽车的应用，出台了一系列发展电动汽车的规划和政策，电动汽车的市场规模正在迅速扩大。电网公司、高等院校、制造生产企业等单位积极开展电动汽车、基础设施、涉网运行安全、商业运行模式等方面的研究，攻克了许多关键技术难题。随着规模化电动汽车的应用与推广，电动汽车迎来了快速发展的时期。

本书基于国家电网公司专业领军人才的课题研究成果，课题组开展了国内外电动汽车技术与发展的广泛调研和深入分析，通过对现有发展情况的研究和实践成果的总结，阐述了国内外电动汽车的发展历程，系统介绍了不同行驶范围的电动汽车、电动汽车政策标准及专利情况、电动汽车动力电池、充换电技术、互联互通技术、电网互动技术、配电网的影响与对策、商业模式等方面内容，展望了电动汽车技术的发展趋势。

在本书编写的过程中，引入了国家重点研发计划《电动汽车基础设施运行安全与互联互通技术》（项目编号：2016YFB0101800）的部分研究成果，东南大学黄学良教授等对初稿提出了宝贵的意见，在此表示衷心的感谢。

由于编写时间仓促，编者水平有限，书中难免有疏漏和不足之处，恳请读者批评指正。

编　者
2017 年 10 月

目　录

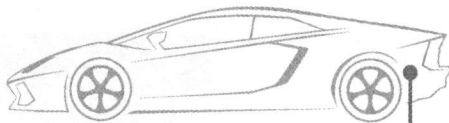

第一章

概　述

第一节　电动汽车的发展历程

一、国外电动汽车发展历程

1. 电动汽车发展初期

电动汽车是指以车载电源为动力，用电机驱动车轮行驶的汽车。电动汽车的历史并不比内燃机汽车短，它也是古老的汽车之一，甚至比奥托循环发动机（柴油机）和奔驰发动机（汽油机）还要早。

1835年，荷兰教授设计了一款小型电动汽车，他的助手则负责制造。但更具实用价值、更成功的电动汽车由美国人托马斯·达文波特和苏格兰人罗伯特·戴维森于1842年研制，首次使用了不可充电电池。

加斯东·普兰特于1865年在法国研发出性能更好的蓄电池，其同乡卡米尔·福尔于1881年对蓄电池进行了改进，提高了蓄电池容量，为电动汽车的发展铺平了道路。奥地利发明家弗兰兹于1867年的巴黎世界博览会上推出了一款双轮驱动电动汽车。法国和英国成为第一批支持电动汽车发展的国家。

在内燃机汽车兴盛之前，电动汽车就创造了许多速度和行驶距离的记录。例如，杰那茨在1899年4月29日用自行研发的电动汽车突破了100km/h，创造了105.88km/h的车速。1891年，莱克研发出电动三轮车，莫尔森制造了6座电动厢式客车，电动汽车开始得到美国人的重视。19世纪90年代到20世纪初期，电动汽车技术得到了高速发展，相对于内燃机汽车的优势逐渐形成。费迪南于1899年所设计的油电混合动力车，如图1-1所示，车轮中央即为电动马达，概念在当时非常先进。

1897年，美国费城电车公司研制的纽约电动出租车实现了电动汽车的商用化。20世纪初，安东尼电气、贝克、底特律电气（安德森电动车公司）、爱迪

图 1-1　费迪南和他的油电混合动力车

生、斯图特贝克等公司相继推出电动汽车，电动汽车的销量全面超越汽油动力汽车。电动汽车也逐渐成为上流社会喜好的城市用车，电动汽车清洁、安静，并且易于操控的特点，非常适合女性驾驶。由于当时没有晶体管技术，因此电动汽车的性能受到限制，这些早期的电动汽车极速大约只有 32km/h。

在 19 世纪末 20 世纪初迎来经济繁荣的美国，汽车开始流行起来。1899 年和 1900 年，电动汽车销量远远超过其他动力汽车。电动汽车相比同时代的其他动力汽车具有非常明显的优势，它们没有振动，没有难闻的废气，也没有汽油机巨大的噪声。汽油机汽车需要换挡，令其操控起来比较繁杂，而电动汽车不需要切换挡位。虽然蒸汽机汽车也不需要换挡，但却需要长达 45min 漫长的预热时间。并且蒸汽机汽车加一次水的续航里程，相比电动汽车单次充电的续航里程更短。由于当时只有城市中才拥有良好路面，大部分时候汽车都只能在本地使用，因此电动汽车续航里程短的问题并没有成为阻碍其发展的原因。

电动汽车最初因为缺乏充电配套设施而阻碍了发展，但是随着电网的高速发展，到了 1912 年，很多美国家庭都已经通电，从而能够在家中完成充电。在世纪之交，有 40% 的美国汽车采用蒸汽机，38% 的汽车采用电力驱动，22% 的汽车使用汽油动力。美国的电动汽车保有量达到 33842 辆，电动汽车在 19 世纪 20 年代大获成功，销量在 1912 年达到了顶峰。

2. 电动汽车发展低谷期

电动汽车在 20 世纪初迎来成功之后，很快又失去了发展的势头。从 20 世纪 20 年代开始，电动汽车逐渐被内燃机汽车替代，究其原因主要有：①美国在城市间建立起良好的公路网络，需要汽车拥有更长的续航里程；②德克萨斯州、俄克拉荷马州和加利福尼亚州等大油田的发现，降低了汽油价格，令普通消费者也能负担燃油费用；③凯特林于 1912 年发明的电力起动系统使得汽油机不再需要人力起动；④海勒姆·帕西·马克沁于1897发明的消声器，大幅降低了内燃机的噪声。而当时的电动汽车速度低、续航里程短，而内燃机汽车的速度更快，续航里程更长，并且价格便宜许多。亨利·福特开始在美国大批量生产内燃机汽车，并且售价平易近人，例如1915年福特汽车的售价低至440美元（相当于今天的9200美元）。与此相反，效率较低的电动汽车却价格昂贵，一款1912年的电动双座敞篷车售价1750美元（相当于今天的3.9万美元）。电动汽车销量迅速下滑。

3. 电动汽车的发展再一次腾飞

尽管内燃机汽车技术成熟、使用性能优越，但对燃油（如汽油、柴油）依赖性强，且排放的废气对空气污染严重，能源短缺与环境保护的双重压力使发达国家开始重新审视替代能源的重要性。特别是1973～1975年和1979～1982年欧美爆发了两次能源危机之后，日本、欧洲以及美国又都开始重视电动汽车的研发，不依赖石油的电动汽车再次成了研究热点。

1965年，日本通产省正式把电动汽车列入国家项目，开始进行电动汽车的研制。1967年，日本成立了日本电动汽车协会以促进电动汽车事业的发展。1970年，电动汽车被列入日本通产省的"研究中心的开发计划"中，研制成功包括微型客车、三轮车在内的电动汽车辆数百台。1971年，日本通产省又制订了"电动汽车的开发计划"，随后的三年中拨款50亿日元，组织了汽车制造、发电、电器制造、蓄电池、轮胎、有色金属等行业公司进行协作，并成立电动汽车委员会和工程研究会，大力开发电动汽车。1977年由通产省和电动汽车协会正式拟定了无排放、低噪声的城市交通方案。1978年，日本研制出混合动力汽车，即内燃机 - 电动汽车。1978年日本电动汽车协会制订了《电动汽车试用制度》。

欧洲从1970年起控制汽油车的污染排放，法国、英国、德国等国已大量使用各种替代燃料及电动汽车。1971年，法国就已在城市环卫部门使用电动汽车。1977年英国政府开始执行"伦敦市内交通电气化"计划，政府对电动汽车的牌照税、养路费进行优惠。

1973年的石油危机也刺激了美国汽车选用新能源。1976年，美国公布了《电动汽车研究、开发及演示法》，为电动汽车的研发与产业化奠定了基础。同年7月，美国国会通过《电动汽车和复合汽车的研究开发和样车试用法令》，以立法的形式，通过政府资助和财政补贴等手段加速发展电动汽车。1977年第一次国际电动汽车会议在美国举行，会上展出了100多辆电动汽车。1984年，美国的洛杉矶奥运会使用一些电动汽车作为比赛服务用车。

在研发与试用过程中，电动汽车在节能、环保等方面优越性的出色表现，进一步促使发达国家政府和相关企业树立了开发电动汽车的决心，电动汽车得到了稳步的发展。

1988 年，日本通产省制订了"月光计划"新型电池蓄电系统项目，列有新型蓄电池在电动汽车上使用的可行性调查。1991 年，日本电动汽车普及系统研究会制订了"超快速充电系统"的研究计划。1991 年 11 月，通产省制订了"第三次电动汽车普及计划"，该计划提出到 2000 年电动汽车达到 20 万辆的目标。1992 年索尼公司开始进行电动汽车用锂离子电池的开发，1996 年三菱公司研制出以锂离子电池为动力的电动概念车。1997 年索尼与日产公司联合对大容量锂离子电池的结构进行改造，应用于电动汽车并申请了多项专利，同年索尼公司的电动汽车一次充电就可行驶 200km。

在欧洲，各国相继成立了电动汽车协会。1989 年，英国正式运行的电动汽车有 2 万～5 万辆，是世界上电动汽车普及最广的国家。法国 1989 年正式运行的电动汽车有 2.5 万辆；1990 年，法国政府开始资助开发电动汽车，并在税收上对购买电动汽车的用户实行优惠。1991 年，德国在拜尔州投入了 300 辆电动汽车进行运行，并从 1992 年开始组织 5 个大公司，拨款 500 万马克进行电动汽车的开发与试验；同年由德国政府研究开发部投入 2200 万马克，在吕根岛开始大规模的电动汽车运行试验，包括 4 家公司生产的 39 辆轿车、20 辆货车和 3 辆客车，5 家电池公司生产的电池，期间还有很多其他国家和城市的电动汽车也参加了吕根岛的试验。

1989 年，美国加利福尼亚州首先开展电动汽车实用化的研究。1990 年，通用汽车公司开发出"冲击牌"电动汽车，据悉这是第一辆为批量生产而设计的现代电动汽车。1990 年，美国加州公布了未来车辆排放控制要求，1998 年，"零排放"ZEV 电动汽车的销售量占 2%，2003 年各汽车厂商销售高达 10% 的零排放车。1991 年美国通用、福特、克莱斯勒三大公司签订协议，合作研究电动汽车用先进电池，成立先进电池联合体（USABC）。同年 7 月美国电力研究院（EPM）参加了美国先进电池联合体，10 月美国总统批准了 2.26 亿美元拨款资助此项研究。

此外，由于受到石油价格日益增长的冲击，20 世纪 60 年～80 年代，加拿大、澳大利亚、比利时、荷兰、丹麦、瑞典、瑞士、保加利亚、前苏联、巴西、墨西哥、印度、香港等国家地区的一些公司也开发出了电动轿车和电动面包车。

1993年在日内瓦举行的62届国际汽车展览会上，有19家公司共展出了40种电动汽车。同年国际能源机构（IEA）起草了一项国际合作研究计划，并与各成员国签订了国际合作研究协议，包括车用电池的研究与开发以及电动汽车对能源、环境、运输影响的评价，目的在于推动全球电动汽车的研制、开发和普及。

4. 电动汽车遭遇续航能力瓶颈

由于电动汽车相关技术，特别是蓄电池性能的改进未能有重大突破，传统的纯电动汽车的发展与普及都遇到了一定困难，采用高能蓄电池的电动汽车以及新型电动汽车，如混合电动汽车、燃料电池电动汽车成为新的研发与应用热点。此外采用超级电容器、飞轮电池、太阳能等作为动力源的电动汽车也获得了一定程度的关注。

自1993年与巴拉德（Ballard）公司合作以来，戴姆勒·克莱斯勒汽车公司已生产出第四代质子交换膜燃料电池电动汽车样车。从1993年起美国通用、福特、克莱斯勒汽车公司与能源部共同出资合作开发混合电动汽车。1995年3月发布的《美国关键技术》第三个报告，已把电动汽车列为交通运输的关键技术。

到1996年，已经有3种类型的电动汽车问世，即蓄电池驱动的纯电动汽车、内燃机与蓄电池混合驱动的混合电动汽车、燃料电池驱动的燃料电池电动汽车。《大众科学》杂志评出100项重大科技成果，认为1996年是电动汽车崭露头角的一年。进入20世纪末期，研制电动汽车变成了一项全球性课题。1999年4月，通用汽车公司和丰田公司宣布，在未来5年双方将合作共同开发面向21世纪的具有先进技术的电动汽车、混合动力汽车及燃料电池汽车，这一举措不仅方便了供应商统一配套，降低成本，使用户受益，而且也符合绿色环保要求。

2006年，特斯拉宣布推出续航里程达到200英里（322km）的电动汽车，这条消息轰动了整个电动汽车市场。到2011年，特斯拉拥有了第一款电动汽车Roadster，其续航里程超过了240英里（386km），售价超过10万美元。[1]

在美国、日本及欧洲等发达国家，纯电动汽车已开始进入实用化阶段。其中，美国的荣勇EV-1两座轿车、通用S-10两座皮卡、福特RANGA两座皮卡，日本的丰田RAV-4 4座轿车，法国的标志及雪铁龙P106四座轿车等都投入了商业运行。2012年，日本已有10000多辆纯电动汽车在运行，美国商业化运行的电动汽车达30000辆，欧盟主要城市基本上都已有试运行的电动汽车。

世界各国加快了混合动力汽车概念产品化的进程，相继推出了不同形式的混合动力汽车。通用的Precept、日产的TINO等都是具有代表性的车型，其中Prius和Insight已是成熟的产品。2009年美国混合动力汽车销量达到29.03万辆，占美国汽车市场份额达 2.8%，虽份额较小，但从 2005 年 1.2%开始呈逐年上升趋势。欧洲混合动力汽车发展品牌主要有德国大众奥迪 Q5、宝马 7 系及法国雪铁龙 C4、标志 3008 等。

美国、日本、法国、德国等发达国家目前在潜心致力于燃料电池汽车的研究，燃料电池技术已经取得重大的进展，已开发出多种型号样车。并且一些大公司纷纷组成强大的跨国联盟，优势互补，联合开发燃料电池汽车，如美国通用汽车公司与日本丰田汽车公司、美国国际燃料电池公司与日本东芝公司、德国奔驰公司与西门子公司等。目前燃料电池轿车的样车仍在试验阶段，以燃料电池为动力的运输大客车在北美的几个城市中正在进行示范项目。[2]

当前解决电动汽车行驶里程问题，重要的就是建设充电站网络及相关服务网络。据美国能源部能源信息管理局（Energy Information Administration，EIA）发布的资料显示，全美国截至 2014 年可以为替代能源车补充能源的站点已有15179 个，其中绝大多数对公众开放，只有 1824 个只为注册用户服务。此外还有 25586 个地方设有充电插座，有一些是购物中心为吸引顾客设置的，往往就在停车场里，有专门标识，无人监管自行服务。加州同时在实施"西海岸电气高速公路"计划，与华盛顿州和俄勒冈州的 5 号高速公路对接。可以从北边的加拿大开着电动汽车直抵南边的墨西哥边境。美国许多州对建设充电站给予优惠政策。在俄勒冈州投资建设充电站，费用的 35%可以享受免税。马里兰州则不但给予20%的纳税优惠，而且对家庭安装充电插座、私人投资建设充电站的费用给予50%的退款补贴。[3]

作为电动汽车应用较好的城市之一，阿姆斯特丹截至 2013 年已经在街道上拥有约 1000 个公共充电点。有关这些充电点的位置和可用性信息可以通过开放的 API 实时访问，使阿姆斯特丹成为世界上第一个以这种方式提供此类信息的城市。

另一个电动汽车应用较好的城市巴塞罗那建立了巴塞罗那"电动汽车发展支撑平台"。这是一个开放的公共‐私人平台，目的是使巴塞罗那成为电动汽车的创新中心。通过平台向用户提供实用信息，使用户可以在市里找到最便宜或最近的可使用的充电站。通过平台还可获得电话号码、费率、地址说明以及其他用户评论等信息，同时得到有关汽车的充电记录和计费的完整信息，如充电位置、充电日期、价格等。

2009 年，日本长崎县建立了长崎电动汽车和智能交通系统协会。电动汽车和智能交通系统项目的目标是将电动汽车和智能交通系统技术纳入本地观光行业。通过当地产业开发新的电动汽车，利用可再生能源，如太阳能、风能，建立一套系统用于区域性的智能电网与电动汽车的结合。[4]目前，各主要发达国家正从政策、法规、基础配套设施、资金等方面为电动汽车的开发、改进与普及创造条件。重要的汽车集团与研究结构则投入越来越多的研究人员和研发经费，以使电动汽车的性能更加优越，更加符合不同用户的需求以及更加具有市场竞争力。

德国法律在税收方面规定"传统化石燃料汽车需根据温室气体排放量和发动机排量缴纳年度保有税"。为向消费者普及电动汽车，德国政府出台税收优惠政策，规定在 2011 年 5 月到 2015 年 12 月之间购买的电动汽车，免征 10 年保有税；2016 年 1 月到 2020 年 12 月之间购买的电动汽车，免征 5 年保有税。德国政府出台购买补贴政策（称作"环境补贴"），于 2016 年 6 月 2 日正式实施，计划向购买电动汽车的消费者提供总计 12 亿欧元的补助，以鼓励消费者购买电动汽车。其中每辆纯电动汽车的环境补贴达 4000 欧元，插电式混合动力汽车为 3000 欧元，并规定可获补贴的电动汽车标价最高为 6 万欧元。

德国政府在研发资金的支持方面，通过发起"视窗"计划和"灯塔"计划，让更多的科研机构、大型企业以及众多中小企业参与到电动汽车的发展进程中，旨在加快电动汽车的推广和普及，并支持电动汽车领域的创新发展示范与试验项目，提供资金达 22 亿欧元，该资金支持到 2017 年。

2016 年 7 月，美国联邦政府发布了关于"加快普及电动汽车"计划的声明，旨在通过政府与私营部门合作，推广电动汽车和加强充电基础设施建设，以应对气候变化、增加清洁能源使用并减少对石油的依赖。计划包括：能源部贷款项目办公室将为签署合约的 46 家单位提供高达 45 亿美元的贷款担保来支持和推动电动汽车充电基础设施的革新；能源部和交通部已就 2020 年全国电动汽车的快速充电站网络达成合作协议，共同推动电动汽车充电走廊的部署和建设，推进美国地面交通固定计划（FAST）的执行；联邦可持续发展办公室邀请地方政府与联邦政府合并电动汽车和充电基础设施的购买及安装需求，以降低购买成本、扩展技术可用性，提高汽车制造商对需求的确定性。

二、国内电动汽车发展历程

20 世纪 50 年代，中国就开始尝试自主研发电动汽车；70 年代，由中国科学院上海硅酸盐研究所牵头、湖南大学等单位参加，成功研制出钠硫电池驱动的电动汽车并进行了上千公里的试车运行，为我国电动汽车的研发积累了宝贵的经验。

1987 年 12 月，中国电工技术学会电动车辆研究会成立，1988 年，生产出电动汽车并参加了国际汽车展。1989 年依托于清华大学开始建设的汽车安全与节能技术国家重点实验室，设置了电动汽车研究室。

从 1991 年起，我国将电动汽车的研发列入"八五"重点科技攻关项目，由国家科学技术委员会、国家计划委员会、国防科学技术工业委员会、国家经济贸易委员会等资助研制微型电动汽车、电动大客车以及配套的电池、电机、充电器等，使我国电动汽车水平有了明显的进步。

到 1996 年，科技部又将电动汽车列为"九五"及跨世纪国家重大科技产业工程，不断地开发一些高技术、高标准的电动汽车，如电动大客车、微型客车、电动轻型客车、中型电动小客车等。同年 6 月在广东汕头南澳岛建立了国家电动汽车试验示范区，并组建电动汽车出租车队、专线公共交通车队投入营运。

我国在 1996 年由国家计委科技司制定的《未来 10 年中国经济发展关键技术征求意见稿》中，也涉及电动汽车技术。同年 12 月，由国家科学技术委员会和机械工业部在北京联合主办了"1996 年北京国际电动汽车及代用燃料汽车技术交流研讨会暨展览会"。从会议情况看来，我国电动自行车、电动摩托车整车及相关部件的生产技术与电动汽车相比显得更为成熟。

随着燃气汽车和电动汽车产品的发展，国家质量技术监督局又于 1997 年批准成立了燃气汽车和电动汽车标准分委会，至此全国汽车标准化技术委员会一共下设了 24 个分技术委员会，1998 年按计划完成制订了《电动汽车标准化体系》。

按照国家发展计划，2000 年，我国要研制出达到国外 20 世纪 90 年代水平的电动汽车，建立具有年产 3 万～5 万辆经济实用型电动汽车生产能力的开发基地。同时组建 2～3 个电动汽车运动示范区，示范区具有试验、生产销售、市场培育、维修服务，能维持正常运行等功能，并初步建立适应电动汽车发展需要的政策法规、优惠政策及产品技术标准。

2000 年，科技部进一步将电动汽车的产业化列为"十五"科技工作重中之重的重大项目，为发展电动汽车产业奠定了基础。从 2001 年开始，电动汽车专项建立了"三纵三横"的研发布局：燃料电池汽车、混合动力电动汽车、纯电动汽车为"三纵"，多能源动力总成控制、驱动电动机、动力蓄电池为"三横"，按照汽车产品开发规律，全面构筑我国电动汽车自主开发技术平台。

2001 年，我国启动实施"863 计划"电动汽车重大专项，国家投入 10 多亿元资金进行电动汽车和新型燃料电池的开发和技术攻关。2002 年科技部全面启动 12 个重大关键技术攻关与产业化示范专项中的电动汽车，是我国战略性高新技术产业标准研究的重点支持对象。

到 2003 年，我国已开发出纯电动汽车产品并通过国家汽车产品型认证，2004 年实现示范运营。2000 年，万钢教授向国务院提出了"开发洁净能源轿车，实现我国汽车工业跨越式发展"的建议。同年，万钢教授作为国家 863 计划电动汽车第一课题负责人承担燃料电池轿车项目。2003 年，同济大学燃料电池车研发团队在万钢教授的带领下，成功研制出中国第一辆燃料电池轿车——"超越一号"，并开始示范运行。这是中国电动汽车史上的一个里程碑。该车搭载了国内自主研制的 30kW 质子交换膜燃料电池，采用高压氢气作为燃料。至 2004 年年底，在第一代车型的基础上，又相继推出了"超越二号"和"超越三号"。2004 年 10 月，在必比登世界清洁汽车挑战赛上，"超越二号"电动汽车在高速蛇形障碍赛、噪声、排放、能耗、温室气体减排 5 个单项指标方面均获得最好成绩。"超越二号"参加第六届必比登挑战赛情景如图 2-1 所示。2005 年 5 月，在北京召开的世界氢能大会上，我国自主研发的电动汽车与奔驰公司的样车同台亮相，引起全球瞩目。2008 年，超越系列的后续车型作为奥运会用车在北京亮相。

图 1-2 "超越二号"参加第六届必比登挑战赛

我国纯电动汽车已在特定区域推广应用。近年来，纯电动汽车已经成为我国汽车行业的一个重点发展方向。我国在纯电动汽车的电池和电动机技术发展迅速，动力蓄电池、高功率镍氢电池、锂离子电池等的性能有较大的提高，已经能为整车提供基本符合要求的产品。

我国新能源汽车中，已进入商业化推广阶段的混合动力汽车是研究热点，并且已经实现小规模的产业化生产。我国有许多厂商和公司都已开始开展混合动力汽车的研制和开发，并陆续有车型上了汽车产品的生产公告，包括一汽集团的混合动力轿车、上海通用别克混合动力轿车、上海大众帕萨特燃料电池轿车、重庆长安的混合动力客车和东风汽车混合动力电动城市客车等。

近年来，我国的燃料电池汽车发展迅速，正在成为新的研发增长点。我国燃料电池汽车的发展方兴未艾，清华大学、同济大学已分别开发出与国际水平相近的燃料电池电动客车和电动轿车，整车的操控性能、行驶性能、安全性能、燃料利用率等均达到国际先进水平。国家"863"计划从"十五"开始扶持包括燃料电池发动机在内的关键零部件技术的研究，同时大力支持动力平台技术和整车集成技术的开发和创新，强调整车和动力平台的引领与带动示范作用。并攻克了燃料电池轿车动力集成、控制和适配等关键难点。建立了以模块集成为技术特征的燃料电池汽车动力系统平台。这一时期成功开发了"超越"系列、上海大众"帕萨特领驭"、上汽集团"上海牌"、长安"志翔"等燃料电池轿车。[2]

在电动汽车配套设施建设方面，建设主体呈现多元化发展态势，除部分大型央企外，地方国企、民营企业、外资企业也逐步参与到基础设施的建设。截至2015年年底，国内已建成的充换电站3600座，公共充电桩4.9万个。在京沪、京港澳、青银等高速公路沿线已基本建成省级充电服务网络。基本建立充电基础设施标准体系，包括术语、动力电池箱、充电系统及设备、充换电接口、换电系统及设备、充换电站及服务网络、建设与运行、附加设备8个部分，约60项标准。我国印发了《国务院办公厅关于加快新能源汽车推广应用的指导意见》（国办发〔2014〕35号），加大了支持力度。[5]自2015年下半年起，我国明确了对充电设施的规划和建设指南，出台了《关于加快电动汽车充电基础设施建设的指导意见》和《电动汽车充电基础设施发展指南（2015～2020年）》两个纲领性文件，提出了充电桩建设要按照"桩站先行"的原则，适度超前建设，并对达到新能源汽车推广量的省市实行充电设施建设的奖励，促进车和桩的共同发展。

第二节　电动汽车主要类型

电动汽车主要类型包括混合动力汽车、燃料电池汽车和纯电动汽车。

1. 混合动力汽车

混合动力汽车分为串联、并联和混联三种结构形式。

（1）串联结构，顾名思义就是发动机和电动机串在一条动力传输路径上。发动机在任何情况下都不参与汽车驱动，只通过发电机为电动机提供电能。其优点是结构简单，并且发动机总是工作在高效转区，所以中低速时可大大节约油耗。但是由于在能量转换中有损失，所以同比高速行驶油耗偏高。代表车型有雪佛兰沃蓝达、宝马 i3 增程式混合动力车、传祺 GA5 增程式混合动力车。

（2）并联结构，在普通汽车上加装一套电能驱动系统。发动机和电动机均能单独驱动车辆，也可以同时工作，共同驱动。当动力电池不足时，发动机还能带动电动机反转充电。由于可以同时驱动，其性能更加优越，但是由于只有一台电动机，没有独立发电机，所以动力电池耗尽时，只能依靠发动机驱动，并且成本相对较高。代表车型有比亚迪秦。

（3）混联结构，在并联基础上再加装一台发电机。与并联结构不同的是，在双驱动的情况下，混联结构发动机还能为动力电池充电。混联车型价格更高，代表车型有丰田普锐斯。

2. 燃料电池汽车

燃料电池汽车的特点是将电池中氢气和氧气的化学作用所产生的能量直接转化为电能，减少因燃烧能源造成的污染。燃料电池中，整个化学反应过程没有有害物质的产生，其能量转换效率比传统的内燃机要高 2～3 倍。燃料电池有别于原电池，因为需要稳定的氧和燃料来源，以确保其运作供电。这种电池的优点是可以不间断地提供稳定电力，直至燃料耗尽。全球第一辆燃料电池车为 2014 年12 月上市的丰田 MIRAI。近几年来，燃料电池技术已经取得了快速的进展。世界著名汽车制造厂，如戴姆勒·克莱斯勒、福特、丰田和通用汽车公司等已经开展燃料电池轿车的样车实验，以燃料电池为动力的运输大客车在北美的几个城市中正在进行示范。

3. 纯电动汽车

纯电动汽车的特点是完全依靠蓄电池中存储的电能进行牵引，从而驱动汽车前行。蓄电池通过充放电能向电机提供高效的驱动力，从而带动电机让汽车行驶。纯电动汽车动力系统可简单地划分为动力电池组与电动机。动力电池组作为电能存储系统，提供能量来源，电动机提供驱动。这种看似简单的系统所涉及的电池管理技术与车载控制系统却相当的复杂。另外，纯电动汽车的电池材料与安全防护材料的选用相当考究。如苹果推出的首款车型预计将是一款电动 MPV 车型，与传统汽车的不同之处主要是动力驱动系统和内部结构上的差异。

纯电动汽车发展至今，种类较多，通常按照车辆用途、车载电源数以及驱动系统的组成进行分类。按照用途不同分类，纯电动汽车可分为电动商用车、电动乘用车和特种车辆三种：

（1）电动商用车，指的是中大型电动汽车，包括电动公交车、电动环卫车、电动邮政车、电动洒水车等。

（2）电动乘用车，主要指小型电动汽车，包括出租车和私人电动汽车。

（3）特种车辆，在特种场合使用的电动汽车，如高尔夫球场用电动汽车、广场用电动汽车等。

第三节　电动汽车关键部件

电动汽车的关键部件主要包括动力电池、BMS（电池管理系统）、动力系统、车身底盘等。

1. 动力电池

动力电池为电动汽车的驱动电动机提供电能，电动机将动力电池的电能转化为机械能，通过传动装置或直接驱动车轮和工作装置。

动力电池是电动汽车的核心部件，电池厂家都在加大研发和生产投入。目前美国主要的电池厂家有江森·萨夫特、A123、欧内德尔（EnerDel）等。江森·萨夫特为美国江森自控与法国萨夫特的合资企业，目前为福特、宝马等公司供应锂电池。2009 年 6 月，江森自控宣布在美国加州南部投资 1 亿美元，生产可回收的汽车电池。A123 是纳米级磷酸铁锂电池生产商，目前已向通用、克莱斯勒等提供汽车动力锂电池。2009 年 1 月，A123 已从美国能源部先进技术汽车制造业激励计划申请到 2 亿美元贷款，用于在密歇根州建立一个电池工厂。2013 年 1 月万向集团（下简称万向）收购美国 A123 系统公司，并更名为 B456 系统公司。2015 年 6 月，A123 Systems 发表声明称，计划在未来三年电池产能翻番至1.5GWh，为此，位于密歇根州的两家工厂将会投资 2 亿美元扩产。欧内德尔是欧内尔与德尔福合资的公司，专业生产锰系锂电池，该公司于 2009 年 5 月启动了位于美国印第安纳州的锂离子充电电池工厂项目，还计划购买或新建三个新的电池工厂，将混合电动汽车电池组的年生产能力扩大至 150 万个。

目前国内动力锂电池仍以磷酸铁锂为主。磷酸铁锂有较好的循环稳定性能，成本也比较低。但由于磷酸铁锂受能量密度限制，如国内某生产厂家的单体电池，能量密度已经达到了 130Wh/kg，几乎到达了能量密度的"天花板"，未来锂电池技术路线中，只有三元或硅基技术路线有望满足目标，但是硅基锂电池离产业化还很遥远，使更多的企业开始注意三元材料。美国 JCS 生产的三元材料 NCA/C 的 45Ah 电池，能量密度在 151mAh/kg，确实高于磷酸铁锂，其中一些（如天津力神、中航锂电）已经开始批量的三元材料锂电池的生产。

特斯拉电动汽车的电池采用了松下提供的 NCA 系列（镍钴铝体系）18650 钴酸锂电池，单颗电池容量为 3100mAh。特斯拉采用了电池组的战略，69 个电池单元并联成一个电池组，9 个电池组又串联成一个电池方块，最后再串联成整块电池板。每个电池单元、电池组和电池方块都有熔丝，每个层级都会有电流、电压和温度的监控，一旦电流过大立刻熔断。就此来看，钴酸锂电池本身存在着缺陷。此前一些豪华车品牌也尝试过特斯拉这种 18650 的路线，但均止步于复杂的电源管理系统。随着特斯拉三起着火事件的发生，对电池的安全性能更加关注。与磷酸铁锂电池相比，钴酸铁锂电池能量密度与热稳定性都不及磷酸铁锂电池，从应用领域看，主要用在手机、笔记本电脑上。

作为锂电池传统制造强国的日本和韩国，也在对石墨烯电池进行研究。韩国科学家在 2014 年 11 月发明了石墨烯超级手机电池，可存储与传统电池等量的电量，充电时间只需 16s。日本在研究燃料电池技术时，用特制的石墨烯材料替代铂作为催化剂，来制造燃料电池车所需的氢燃料，获得突破，但均未获得求证。目前国内对石墨烯的研究总体上分以下两方面：①在传统锂电池上进行应用，目的是改进、提升锂电池的性能，这类电池不会产生颠覆性的影响；②依据石墨烯制造一个新体系的电池，这是一个崭新的系列，在性能上是颠覆性的，称作"超级电池"。

2. BMS

BMS 就是对电池组中的电池各种状态进行实时的监控，是一种具有高精确性、实时性和多任务性的控制系统。通过对电池剩余电量（SOC）的准确估算，合理有效的控制充放电，优化电池的性能参数，提高电池使用寿命。电池管理系统主要有以下 3 个功能：

（1）精确地监测电池电流和电压，这两个参数是电池管理系统运行的关键所在。

（2）在得到正确电池性能参数的情况下，通过相关的算法实现对剩余电量准确地计算。

（3）实现系统内部的数据通信。

3. 动力系统

纯电动汽车时速快慢和启动速度取决于驱动电动机的功率和性能，其续航里程的长短取决于车载动力电池容量的大小。驱动电动机的作用是将电池的电能转化为机械能，通过传动装置或直接驱动车轮和工作装置。

电动汽车传动装置的作用是将电动机的驱动转矩传给汽车的驱动轴，当采用电动轮驱动时，传动装置的多数部件可以省略。电动机可以带负载启动，所以电动汽车无须传统内燃机汽车的离合器。驱动电机的旋向可以通过电路控制实现变换，所以电动汽车无须内燃机汽车变速器中的倒挡。在采用电动机无级调速控制时，电动汽车可以省略传统汽车的变速器。在采用电动轮驱动时，电动汽车也可以省略传统内燃机汽车传动系统的差速器。

电动机调速控制装置是为电动汽车的变速和方向变换等设置的，其作用是控制电动机的电压或电流，完成电动机的驱动转矩和旋转方向的控制。电动汽车上应用较广泛的是晶闸管斩波调速，通过均匀的改变电动机的端电压，控制电动机的电流，来实现电动机的无级调速。随着电力电子技术的不断发展，它也逐渐被其他晶体管斩波调速装置所取代。从技术的发展来看，伴随着新型驱动电机的应用，电动汽车的调速控制转变为直流逆变技术的应用，将成为必然的趋势。

4. 车身底盘

车身底盘能搭载高性能的电动机和大容量的锂离子电池，是电动汽车行驶所必不可少的系统。底盘作为汽车中最为基本的部分，几乎所有部件都要安装在底盘上，所以它就需要承受电动汽车以及它上面部件的所有质量、载荷和行驶中各种工况下产生的力和力矩。因此整体刚性的提高，是电动汽车车身底盘的特征之一。

过度注重底盘结构刚度和强度的要求，就对底盘进行加厚加重，使底盘过于安全，不仅增加了能源的使用量而且对设计成本也有一定的增加。因此，底盘必须满足刚度和强度的要求，并尽可能地使底盘轻量化，还要使电动汽车达到平稳性的要求。

参 考 文 献

[1] 回顾电动汽车百年发展史. http://news. xinhuanet. com/info/2016 - 01/02/c_134970882_13. htm.

［2］丁孝华．智能电网与电动汽车［M］．北京：中国电力出版社，2014．

［3］美国电动汽车现状和前景．http://blog.sina.com.cn/s/blog_67f297b00102vgai.html.

［4］瞿海妮，程治敏．世界大型城市电动汽车发展案例介绍［J］．上海电力，2013（2）：59-66.

［5］电动汽车充电基础设施发展指南．http://www.sdpc.gov.cn/zcfb/zcfbtz/201511/t20151117_758762.html.

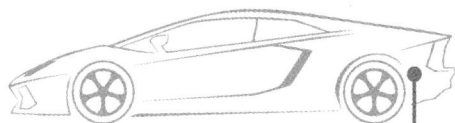

第二章

不同行驶范围的电动汽车

新型电动汽车主要是指采用新型电池及采用新式运营模式的电动汽车。按照续航里程主要分为短途（续航里程 300km 以下，一般以纯电动汽车为主）、中途（续航里程 300～800km，以混合动力汽车为主，还包括燃料电池汽车以及部分纯电动车）、远途电动汽车（续航里程 800km 以上，目前多没有投入商业运行）。

面对严峻的环境形势及能源短缺问题，各国重新将关注的重点投入到电动汽车上来。统计结果显示，2015 年全球纯电动汽车（乘用车）总销量达到 54.9 万辆，在 2014 年 31.78 万辆的基础上，同比大幅度攀升 72.8%。截至 2015 年 12 月份，我国电动汽车累计生产 34.04 万辆，同比增长 3.3 倍。其中，纯电动乘用车生产 25.46 万辆，同比增长 4.2 倍，销售 21.4 万辆；插电式混合动力乘用车生产 8.58 万辆，同比增长 1.9 倍。2015 年我国成为电动车销量最高的国度，首次超过了美国。2016 年，全球插电式汽车销售 77.36 万辆，同比增长 42%，我国新能源汽车全年销量超过 50 万辆。预计 2017 年我国新能源汽车销量将达 70 万辆；2020 年，我国电动汽车产量将达到 100 万辆。由以上数据可以看出，我国电动车产业已逐步从市场的培育期进入到发展期，绝大多数国内自主品牌以及合资品牌已经推出了新能源汽车，部分国内电动汽车车型已经在世界上排位靠前，诸如比亚迪、众泰、奇瑞、康迪等国内电动汽车制造公司正在逐步占领国内外新能源汽车市场。世界主要国家电动汽车市场份额如图 2-1 所示。

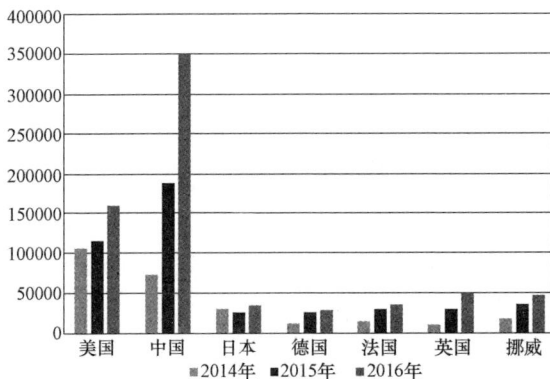

图 2-1　2014～2016 年世界主要国家
电动汽车市场份额（单位：辆）

第一节 短途电动汽车

1. 街头滑板（StreetScooter）

2010 年德国亚琛工业大学主导成立了 StreetScooter 公司。2011 年 9 月，街头滑板纯电动汽车现身法兰克福国际汽车展，考虑到 90％～95％的人出行是在 90km 以内的短距离行驶，其续航能力设置在 45～150km 之间。对于居住在大城市中的人们，上下班、购物等日常活动以短途为主，因此 StreetScooter 的续航里程是针对这样的人群。因为 StreetScooter 针对的是短距离行程，而且家庭出行是绝大多数行程的重要部分，所以其采用的是裸车销售、电池租赁的模式，以换电模式取代充电站。

StreetScooter 配有两个前置的安全气囊、防抱死制动系统（ABS）以及汽车电子稳定程序（EPS）。从安全角度考虑，StreetScooter 的电池额定工作电压仅为 60V。为了给驾乘者带来更多驾乘乐趣和智能体验，StreetScooter 配备了卫星导航系统、音乐、游戏系统以及自动温控系统。自动温控系统可以自动调节温度，使汽车空调以最节能的方式运转。

应对环境气候方面，StreetScooter 运用的热泵系统技术使得空调的能耗降低到传统方式的 20％。StreetScooter 的最大创新点并不仅仅是售价低，而是将传统以汽车整车厂商为主导的金字塔架构变成了以供应商为主导的网络合作伙伴联盟——扁平化的模式。StreetScooter 集结了上百家同盟者，而同盟公司的员工数量从数十人到上万人不等，研发成本也只有传统方式的十分之一。

2013 年 8 月，第一辆街头滑板邮政运输车正式出现在德国街头，如图 2-2 所示。同时街头滑板已开发出一款名为"Compact"的民用电动汽车，如图 2-3

图 2-2 "街头滑板"邮政车

所示，该车最高速度105km/h，不含电池售价在1.4万～1.5万欧元。

"街头滑板"能够保证低价的主要原因来自网络联盟。首先，网络联盟的高效让"街头滑板"的研发费用只有传统车企的十分之一。其次，由于十多家大企业的入股，使得"街头滑板"几乎能以成本价获得各种零配件。再次，网络联盟还涵盖了汽车经销商和售后服务商，因此也节约了成本。

在销售中，"街头滑板"主要采用了电池租赁模式（也可购买）。消费者可租赁1～3块电池，相应的续航里程为40～120km。租赁费用每月约100欧元，家用插座即可充电。

由于电池成本较高且使用寿命只有几年，因此租赁方式更有利于消费者。假设每辆车每年行驶1万～1.5万km，大约6年后，电动汽车的成本（购车费和使用费）优势便可显现出来。

图2-3　"街头滑板"研发的民用电动汽车

相比于特斯拉，StreetScooter运用颠覆性的经营模式，使新车制造的速度和投入产出比提升了10倍，其最大的竞争优势就是低廉的价格，以及颠覆性的组织架构，就性价比而言有极高的竞争力。有两款车型，分别为民用的Compact版，最高速度105km/h；商业用途的Work版，最高速度85km/h。两种车型均可利用家里的插座充电。"街头滑板"这一产品和模式的成功，将极大提升德国政府力推的在2020年前全德国实现100万辆电动汽车保有量目标的可能性。

2. Blue car

Blue car是一款由法国博洛雷集团研制、意大利汽车设计制造商宾尼法利纳合作生产制造的小型四座三门电动汽车，如图2-4所示。它是巴黎市政府大力支持的"共享电动汽车"租赁服务项目的重要组成部分，为缓和巴黎林荫大道的交通堵塞问题而推广使用的。

图 2-4 Blue car

Blue car 采用锂离子金属聚合物电池为电动机供电，电池容量 30kWh，百公里加速时间 6.3s，最高时速可以达到 130km/h。而续航里程则高达 250km，足够这款车在两个城市间往返行驶。改进后的锂金属聚合物电池不容易过热，而且保证在 180℃高温时不起火，比大多数汽车行业使用的锂离子电池更加安全。

Blue car 纯电动汽车一直是通过法国 AUTOLIB 项目参与汽车小时共享服务，起始价为 12000 欧元，不包括电池在内。车主每月需缴纳 100 美元使用费用。

3. 折叠电动汽车

（1）Armadillo-T。

针对不少大城市面临交通拥挤、停车位严重不足的问题，韩国研发了一款可折叠电动汽车，如图 2-5 所示。该车通过减小停车时占据的空间，从而解决了停车难的问题。

据韩国科研人员介绍，这款名为 Armadillo-T 的车子可搭载两个人，最高速度可达 60km/h，充电 10min 便可行驶 100km。驾驶员还可以利用智能手机应用程序，在车子外部发出折叠或展开指令。

Armadillo-T 在停车时会以车体中心为轴抬起后轮，使得车子占位长度从 2.8m 缩短到 1.65m。一个普通停车位可放置 3 辆 Armadillo-T 汽车，而且它可在停车状态下旋转 360°，停放在普通车辆不能停放的地方。

韩国科学技术院研发小组组长徐仁修教授说："它可停放在任何街道或建筑物内，不论是寓所、购物中心或超市。"为安全起见，设计师还将传统的后视镜替换为环绕视图摄像头。然而，由于 Armadillo-T 尚未达到韩国公共交通安全

图 2 - 5   Armadillo - T 可折叠车

准则，如无法承受猛烈撞击等，因而无法上路行驶。

（2）Volpe。

这辆号称"世界上最小的电动汽车"名为 Volpe，如图 2 - 6 所示。Volpe 仅 1m 宽、1.5m 高，**重量** 350kg，可以挤塞至狭小的空隙中，也可以方便地进入升降电梯，并可以在办公桌旁进行充电。Volpe 最高时速仅为 30mph（48km/h），能够挤塞停泊在两辆已停汽车之间的空隙中，可以有效缓解道路交通堵塞问题。

图 2 - 6   Volpe

4 其他

其他国外典型短途纯电动汽车车型和参数见表 2 - 1。

表 2 - 1   国外典型短途纯电动汽车车型和参数

车型	Focus	Electric up	Smart fortwo	Leaf	Fit	i - miev
公司	福特	大众	奔驰	日产	本田	三菱
百公里加速时间（s）	11.4	12.4	13.7	11.5	8.9	14

车型	Focus	Electric up	Smart fortwo	Leaf	Fit	i-miev
续航里程（km）	160	157	145	160	150	160
电池类型	锰酸锂	锰酸锂	NCA	锰酸锂	磷酸铁锂	锰酸锂
电池容量（kWh）	23	18.7	14	24.2	20	16

第二节 中途电动汽车

1. 特斯拉 Tesla（见图 2-7）

（1）Model S。特斯拉 Model S 是特斯拉真正意义上的第一款完全自主研发的电动汽车车型。Model S 主要由电池组、底盘悬架系统和车体三大部件组成。它区别于其他电动汽车最显著的地方在于电池组布局。电池组被整合成平板安放在底盘上，从而使得车辆的重心更低，带来更好的操控表现，同时一套先进的电池管理系统则保证复杂的电池板能够正常运行。根据不同车型，电动机分置车身前后，有后置后驱和全轮驱动两种驱动形式。

图 2-7 特斯拉电动汽车

Model S 的电池组提供 60、75、85、90、100kWh 五个容量版本，最大输出功率分别为 225、235、270、311、573kW。因此在性能上 Model S 的实力不容小视，功率较低的 60kWh 车型，百公里加速只需 5.9s，续航里程达 400km。而其最新款的 Model S P100D 则配有双电机，全轮驱动系统。车身前后各搭载一台电动机，电池组能够提供 100kWh 的容量，最大输出功率可达 573kW（780hp），如图 2-8 所示。这极大地提升了续航里程并拥有更好的加速表现，高性能版的后置和高效率的前置联动，使其百公里加速时间缩短为 2.7s，实现了超跑级别的加速体验。在美国环保署测定下，其续航里程能够达到 315mile（507km），而在欧洲的标准测试中，续航里程更达到了 613km。在时速为 70mph（113km/h）时，其一次充电能够行驶 250mile（400km），最高时速能够达到 155mph（250km/h）。特斯拉 Model S 部分车型参数如表 2-2 所示。

表 2-2　　　　　　　　　　　特斯拉 Model S 部分车型参数

Model S 系列车型	Model S 60	Model S 75	Model S 85	Model S 90D	Model S P100D
电池容量（kWh）	60	75	85	90	100
基础售价（美元）	62400	65200	72400	80200	122700
挡位	单个固定挡位，传动比 9.73∶1				
车型	全尺寸四门运动轿车				
电动机	后置后驱			全轮驱动	全轮驱动
最大功率（kW/hp）	225/302	235/315	270/362	311/417	573/768
峰值扭矩（N·m）	430	440	440	660	967
0~96km/h 加速时间(s)	5.9	5.8	5.4	4.4	2.7
续航里程（mile）（NEDC）	400/249	480/298	491/305	557/346	613/381
最高速度［km/h(mph)］	210（130）	225（139）	201（125）	250（155）	250（155）
电池保修	8 年不限公里				

图 2-8　特斯拉 Model S P100D

特斯拉 Model S 系列配套的充电桩有四种，如图 2-9 所示，分别是家用充电桩、目的地充电桩、超级充电站、通用移动充电器。接入超级充电站时，Model S 能够在 40min 内充到 80% 的电量，一次充满电仅需 75min。特斯拉公司将为

2017 年 1 月 15 日之后购买的车辆每年提供 400kWh 的免费充值使用额度，超出 400kWh 的部分将根据各个国家的电力标准定价。在美国伊利诺斯州，超出的部分将按照 0.15 美元/kWh 收费，而在中国大陆地区则按照 1.80 元/kWh 的资费标准。

图 2-9　Model S 可以进行四种方式充电

（2）跑车 Roadster。

特斯拉于 2014 年 12 月对旗下电动跑车 Roadster 进行了升级改造。新款 Roadster 车型降低了 15% 的风阻系数，其续航里程大幅升级至 644km。

新款 Roadster 车型的升级体现在三个方面。

1）电池升级：电池容量提升了 31%，续航里程达到 400mile（约合 644km）；

2）外观微调：采用全新空气动力学套件，风阻降低了 15%；

3）轮胎升级：采用了效率更高的全新轮胎。

特斯拉公司在成立之初便计划开发一款性能能够和保时捷 GT3 或法拉利 Enzo 相媲美的高档电动跑车。经过 5 年的研发，特斯拉于 2008 年推出了 Roadster 电动跑车。

Roadster 销售期间该车在全球范围累计售出两千多辆。作为一款高性能电动汽车 Roadster 车型百公里加速时间为 3.7s，续航里程约 393mile（630km）。

在完成 Roadster 车型的升级后，该车在 2017 年被重新推出，并命名 Model R。特斯拉就同时拥有四款在售车型，分别是目前已上市的 Model S 和小型电动车 Model 3，已接受预定的 Model X，以及 2017 年推出的和超跑 Roadster（Model R）。

新款 Roadster 的最大亮点在于续航里程。目前 Tesla Model S 车型分为搭载 65kWh 及 85kWh 电池的两款，其中搭载 85kWh 电池的 Model S 最大续航里程为 502km。相比之下，新款 Roadster 车型具有最大 644km 的续航里程。

第一代 Roadster 是较早实际搭载 6831 节松下 18650 钴酸锂电池的车型。与传统磷酸铁锂电池相比，18650 钴酸锂电池具有功率高、能量密度大、一致性较高的优点，但其安全系数较低，热特性和电特性较差。为此 Tesla 工程师采用了"69 个小电池串联成砖、9 块电池砖并联成片、11 块电池片连接成包"的技术解决方案以弥补其缺陷。按照 Tesla Model S P85 车型搭载超过 8000 节

18650 钴酸锂电池的情况，经过升级的新款 Roadster 搭载的钴酸锂电池数量会更多。

2. 比亚迪

（1）比亚迪秦。秦是比亚迪公司新推出的搭载第二代 DM 双模混动技术的电动汽车，如图 2-10 所示。秦的混合动力系统由 1.5T 发动机和电动机组成，这套动力系统总的最大功率为 217kW（295hp），最大扭矩为 479N·m。在传动系统方面秦配备了 DCT 双离合变速箱，其百公里加速时间为 5.9s，最高时速可以达到 185km/h。

双模指的是工作状态。秦采用了第二代 DM 双模技术，这是一种并联式混动系统，这项技术可以在纯电动和混动两种模式间切换。在纯电模式下，电动机单独带动车辆运行。当电池电量过低或者动力需求加大时，整车模式自动或手动切换至 HEV 模式。同时在两种模式中，秦还能进行制动能量回馈，即电机向电池充电。秦的纯电动续航里程可达 70km。此外，秦使用了铁电池，电池容量为 13kWh，铁电池的重量较 F3DM 减轻一半。除了以上两种模式外，秦还有经济性（ECO）和运动性（SPORT）两种不同的驾驶形式，因此秦有 EV＋ECO、EV＋SPORT、HEV＋ECO、HEV＋SPORT 四种驾驶模式。

图 2-10　比亚迪秦电动汽车

（2）比亚迪唐。唐是比亚迪公司于 2015 年 6 月推出的插电式混动 SUV，如图 2-11 所示，作为三擎四驱双模 SUV，唐的推出为消费者提供了更多的插电式混动车选择。

比亚迪唐搭载了极速电四驱技术，具有"三擎动力、高效节能、极速响应"等优势。"三擎动力"即 2.0TI 发动机与前、后驱动电机，三种力量相结合。同时，唐的三擎分布实现了前后独立扭矩分配，使得车辆脱困性能更高，越野性能更强。得益于电控的优势，其能量利用率可超过 90%，传动效率提升近 10%，唐的"高效节能"指标实现良好。只需 20ms 的控制响应时间的"极速响应"仅仅是机械四驱（200ms）的 1/10，毫秒级的跨越带来了更高的安全性。

图 2-11　比亚迪唐电动汽车

在传动方面，与发动机匹配的是一台 6 速双离合变速箱，新车百公里加速时间为 4.9s，最大速度为 180km/h，百公里油耗 2L。实现了 SUV 从百公里油耗 10L 降到 2L 的节能。混动模式下，可输出 371kW 的总功率，820N·m 的总扭矩。此外，配备了高容量磷酸铁锂电池（18.4kWh）的新车在纯电动模式下最大续航里程可以达到 80km。而唐的极速版，百公里加速时间能够缩短到 4.5s，其总功率 411kW；总扭矩 870N·m，采用三片式锻造轮毂等多项手工定制套件，且整车根据赛事经验调校，操控感良好。

唐不仅拥有较出色的 SUV 的性能表现，其搭载的移动电站技术带来了 SUV 的新体验。唐充分利用自身电池优势，可实现车外 220V 交流放电功能。放电电压为 220V，最大带载能力为 3.3kVA。可为电磁炉、电冰箱等家用电器及冲击钻等电动工具供电，满足多种使用需求。当电池电量较低且车辆处于 P 档状态时，车辆智能控制发动机向电池进行充电，满足车辆对外放电需求，延长外部用电器的使用时间。

比亚迪秦与比亚迪唐的部分参数对比如表 2-3 所示。

表 2-3　　　　　　　　　　比亚迪秦与比亚迪唐的部分参数

车型	比亚迪秦		比亚迪唐	
	双模版	纯电版	全时四驱旗舰型	极速版
基础售价（万元）	20.98	25.98	27.98	51.88
额定功率（kW/rpm）	113/5200		151/5500	
发动机最大扭矩（N·m/rpm）	240/1750～3500		320/1750～4500	

车型	比亚迪秦		比亚迪唐	
	双模版	纯电版	全时四驱旗舰型	极速版
总功率（kW）	217		371	411
总扭矩（N·m）	479		820	870
0～96km/h加速（s）	5.9	7.9	4.9	4.5
变速系统	六速自动挡DCT双离合		六速自动变速器	
驱动形式	前置前驱	纯电动	极速电四驱	
电池类型	铁电池		磷酸铁锂电池	
电池容量（kWh）	13		18.4	
纯电续航里程（km）	70	300	80	
最高时速（km/h）	185	150	180	
排气量（L）	1.5	0	2.0	

3. eVe太阳能电动汽车

太阳能动力的电动车对车身重量要求很高，需要质量轻但又结实的材质制造，而且太阳能电池板需要完全覆盖车顶来为行驶提供足够的电能，所以车身大小也受到限制。此外，太阳能电动车在行驶过程中必须将绝大部分电力用在动力提供上，所以汽车行驶过程中遇到的阻力必须降到最低，这就要求车型在设计上符合低、窄的要求。同时意味着驾驶舒适度也会大大降低，研究人员一直在致力解决车身大小、驾驶体验这两个问题。

澳大利亚新南威尔士大学的学生团队研发的eVe纯电动车可在单次充满电后，以107km/h的平均速度行驶500km。整车重量为318kg，该车搭载了59kg的松下电池组，并在车顶和引擎盖位置覆盖了800W太阳能电池板。使用常规家用插座可在8h内使eVe重回满电状态，而接入工业高压电则只需5h；或者只是将eVe放在阳光下，8h后，eVe便可恢复约2h的续航里程。SUNSWIFT eVe只允许搭乘两人，且还没有开展强制安全性测试，离上路实用化还有一段距离，如图2-12所示。

4. 四座版太阳能电动车

荷兰埃因霍芬理工大学以Stella电动车为基础原型车进行研究，设计组装出了图2-13这款电动车。与其他概念车相比，Stella在轻量级管架结构的平台上进行组装，车身也比较低、比其他太阳能电动车车身更宽，外形设计上也附加了

图 2 - 12　eVe 太阳能电动汽车

更多空气动力学元素。这种设计可以在车身外部安装更多电池板，提供更多动力，同时车身内部的空间增大也能容纳更多乘客，Stella 推出四座版太阳能电动车，真正实现太阳能电动车家用这一设想。

图 2 - 13　四座版太阳能电动车

　　这款电动车续航里程在 800km 左右，最高时速可达 120km/h，完全可以满足日常使用的需求。这款新型家用电动车在行业内引起了轰动，并获得多项国际设计大奖。目前已吸引越来越多的投资者，预计将在未来 5～10 年内投入量产。

　　5. Mirai 燃料电池汽车

　　丰田于 2014 年底推出 4 人座燃料电池汽车"未来（Mirai）"如图 2 - 14 所示。该汽车采用氢作为能源。液氢与空气中的氧气发生反应产生水，释放电能，再把电能转化成驱动力，推动汽车前进。与传统汽车相比，燃料电池汽车更加环保。该车续航里程达到 480km，百公里加速时间约为 10s，一次加注氢燃料仅需 3min。

　　为了推进燃料电池电动汽车的发展，丰田与美国加州大学合作，出资 2 亿美元建立大约 20 座加气站，最终目标总数将达 40 座。相比电池型电动汽车，燃料电池汽车具有能量转化效率高、无环境污染等优点，同时加氢时间也明显少于充电时间。

图 2-14　Mirai 燃料电池汽车

6. 其他

国外典型混合电动汽车车型和参数见表 2-4。

表 2-4　　　　　　　　　国外典型混合电动汽车车型和参数

车型	I8	Volt	Prius	V60	Outland	C - Max
公司	宝马	通用	丰田	沃尔沃	三菱	福特
续航里程（km）	500	570	800	1200	800	800
百公里加速时间（s）	4.4	9	10.4	6.9	10.88	—
电池类型	锰酸锂	锰酸锂	锰酸锂	锰酸锂	锰酸锂	锰酸锂
电池容量（kWh）	7.2	16	4.4	12	12	7.6

第三节　长途电动汽车

1. 铝空气燃料电池汽车（见图 2-15）

以锂离子电池驱动的电动汽车难以普及的障碍之一是行驶里程有限，目前的续航能力大多在 135km（日产 Leaf）至 480km（特斯拉 S 型）之间，除非大量安装快速充电站，否则不适于驾驶电动汽车远途旅行。

加拿大公司 Alcoa 和以色列公司 PHINERGY 新展示的 100kg 重的铝 - 空气燃料电池储存了可行驶 3000km 的足够电量，只需每月加注清水。相比之下，特斯拉 Model S 的电池超过 500kg，而行驶里程不到 500km。新电池并不是从普通电网充电，而是在美铝公司的熔炼车间充电，充满电的电池其实是一块大部分由铝制成的厚重面板。铝板利用从空气中吸收的氧气以及用户给汽车加的水产生化学作用，将铝变成氧化铝，从而释放出能量，为汽车持续提供动力。铝的氧化反应在铝暴露在空气中时会自然发生，表面的氧化铝会阻止深层的铝继续发生反应，新电池采用的新技术则包含了电解质可溶解表面氧化层，使反应持续进行。

图 2-15　铝空气燃料电池汽车

　　使用这种电池的汽车仍需保留锂电子电池，铝电池只在锂电池电量耗尽后才启动，因此可以用很长时间，期间只需每月加注清水。通常在一年左右达到使用极限后，到服务站更换充满电的铝电池即可。Phinergy 公司在加拿大国际铝业大会上介绍了一款车型。这辆车由雪铁龙 C1 改装，仅配置了 25km 重的铝空气电池组，测试的续航里程达到了 1600km。Phinergy 表示该系统是高效、稳健、可靠和清洁的，高能量密度和零二氧化碳排放。电池将在 2017 年面向市场批量生产。

　　铝的氧化反应在铝暴露在空气中时会自然发生，表面的氧化铝会阻止深层的铝继续发生反应，新电池采用的新技术则包含了电解质可溶解表面氧化层，使反应持续进行。

　　铝-空气燃料电池作为非充电电池见图 2-16，早在 20 世纪 60 年代便已问世，其具有的较高的能量密度一直吸引着研究者的关注。铝-空气燃料电池的理论能量密度为 8100Wh/kg，而特斯拉的锂电池的密度是 200Wh/kg。然而，由于铝-空气燃料电池在放电过程中阳极腐蚀会产生氢，这不仅会导致阳极材料的过度消耗，而且还会增加电池内部的电学损耗，另外要到专门的厂家去更换电池，这严重阻碍了铝-空气电池的商业化进程。

　　Phinergy 公司表示"已经攻克了这一难题"。该公司开发出的铝-空气电池的空气阴极配备有专用的银基催化剂，其采用了独特的创新结构，该结构可以使

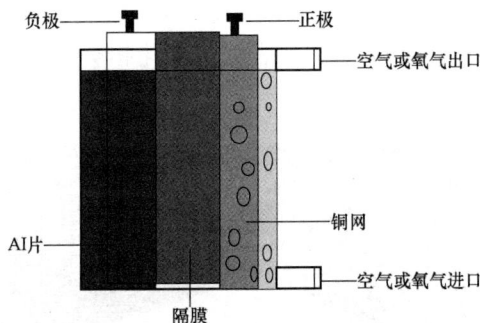

负极   正极

空气或氧气出口

铜网

Al片

空气或氧气进口

隔膜

图 2-16　铝-空气燃料电池原理图

氧气顺利通过，而可以将二氧化碳阻隔在外。通过该创新结构，Phinergy 铝-空气电池的空气阴极可以有效避免电极的碳化问题，其工作寿命也因此可以达到数千小时。

铝-空气电池的另一个优势是维护方便。按照现在的技术方案，铝-空气电池主要是作为锂电池的补充电源，即锂电池能量耗尽后，铝-空气电池才会"接手"，用户也无须对其充电（实际上是无法充电），只要每一到两个月注入自来水以支持化学反应，每年让技术人员对它进行一次保养即可。据称该电池的寿命可达 20～30 年（现在较好的锂电池一般在 5 年后也需要更换）。

2. 石墨烯电池电动汽车

石墨烯的结构可以改变锂电池技术长期没有突破的障碍。石墨烯的特点是导电速度快、导电性能好，从而大幅度缩短充电时间。石墨烯片材内部结构间隔扩大，以允许更多的电解质"润湿"及锂离子电池中的锂离子获得高速率通道的性能，从而大幅度增加电池的容量。"超级电池"参数显示，其能量密度超过 600kWh/kg，是目前动力锂电池的 5 倍；使用寿命是目前锂电池的两倍；其成本将比目前锂电池降低 77%。此石墨烯聚合材料电池与汽车联合的投产问世或将引领电动汽车行业新的续航里程。

参 考 文 献

[1] 墨柯. 电动汽车时代已经到来 [J]. 新材料产业, 2014 (4): 32-40.

[2] 陈建华. 初探我国电动汽车标准的现状和发展 [J]. 产业透视, 2012, 11 (12).

［3］北京博信诚达信息咨询中心研发部. 2009~2012 年中国电动汽车行业深度研究报告［EB/OL］.［2010 - 06 - 07］. http：//www. chinabgao. com/reports/65397. html.

［4］张彩虹，马一方，潘阳. 纯电动汽车的成功之道——美国特斯拉汽车公司案例研究［J］. 行业展望，2013，10（7）.

［5］国家新能源汽车产业数据中心. 特斯拉电动汽车浅析.［EB/OL］. http：//wenku. baidu. com/view/797f93bcb8f67c1cfad6b8ec. html.

［6］张伟. 谁执全球电动汽车牛耳［J］. 焦点专题. 2014，12（5）.

［7］街头滑板颠覆特斯拉.［EB/OL］. http：//wenku. baidu. com/view/df131b9258f5f61fb6384664a. html.

［8］德国街头滑板公司独创 5 万元廉价电动车.［EB/OL］. www. docin. com/p－674034670. html.

［9］铝 - 空气电池可使汽车续航 3000 公里 只需每月加注清水.［EB/OL］. http：//news. xin-hua. com/tech/2014－06/09/c－126594267. html.

［10］张文宇. 铝 - 空气电池：为电动汽车增程 3000km［J］汽车实用技术. 2014（6）.

［11］纯电动车 eVe：确立纯电动车领域新标杆.［EB/OL］. http：//gps. zol. com. cn/484/4849210. html.

［12］体验汽车环保新产品——尼桑 LEAF 电动车.［EB/OL］. http：//blog. sina. com. cn/s/blog_5d43d5b80102e52z. html.

［13］图解中国电动汽车品牌.［EB/OL］. http：//www. ibgbuy. com/article－331. html.

［14］丰田普锐斯 百度百科.［EB/OL］. http：//baike. baidu. com/item/丰田普锐斯？ fr= aladdin.

［15］许晓慧，徐石明. 电动汽车及充换电技术［M］. 中国电力出版社. 2012.

［16］李立理，张义斌. 国内外电动汽车市场的比较分析及启示［J］. 中国电力，2013（10）.

［17］美国电动汽车现状和前景. http：//blog. sina. com. cn/s/blog_67f297b00102vgai. html.

［18］瞿海妮，程治敏. 世界大型城市电动汽车发展案例介绍［J］. 上海电力，2013（2）：59 - 66.

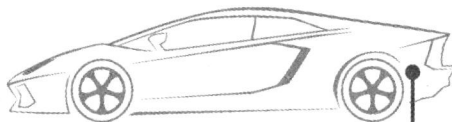

第三章

电动汽车政策标准及专利

经过"十二五"的发展，中国新能源汽车产业基本完成了起步阶段的任务。从"十三五"开始，中国新能源汽车产业将由起步阶段进入加速阶段。在"十二五"期间，无论是国家还是地方都出台了诸多促进新能源汽车发展的利好政策。截至 2016 年 4 月，国家及地方共出台新能源汽车相关政策 58 项，其中国家出台 15 项，地方出台 43 项[1]。

本章介绍能源和汽车工业面临的挑战下，美国、日本、欧盟和中国等国家和地区电动汽车的政策、标准和专利情况。

第一节　电动汽车相关政策

世界上许多发达国家的政府和几乎所有著名汽车厂商及相关科研机构都在致力于电动汽车技术的研究开发与推广应用。当前各国的战略需求和政策引导是推动电动汽车发展的动力，只有在各国政府的推动下，全球各大汽车公司及相关机构才会更加积极地行动起来，促进电动汽车的快速发展。

一、美国

美国已经形成了"总体战略＋一揽子政策"的体系。在战略上，将发展插电式电动汽车确定为主要技术路线；在政策上，已经形成了激励类、保障类、限制类政策体系。激励类政策主要针对厂商、消费需求和研发领域提供税收减免、财政补贴、金融支持；保障类政策主要是支持基础设施建设、加大研发和教育投入；限制类政策是通过提高燃油经济性标准，以拉动市场对电动汽车的需求。

1. 发展路线与目标

奥巴马政府提出重点发展插电式电动汽车，并制定了 2015 年美国插电式电动汽车保有量超过 100 万辆的目标。2013 年年初，由于关键技术未能突破，市场需求低于预期，美国能源部宣布该 100 万辆目标难以实现，转而提出"重点突破动力电池技术，使动力电池生产成本在 2015 年降至 300 美元/kWh，以提高电动汽车的价格竞争力"的发展思路。

2. 相关法案

2008 年，美国政府出台了《经济稳定紧急法案 2008》，提出为电动汽车消费者提供税收优惠。2009 年 1 月，国会通过了《美国恢复与再投资法案 2009》，进一步加大对电动汽车生产企业的税收优惠力度，并为包括电动汽车相关技术在内的能源研究和基础设施建设提供资金支持。除此之外，美国还有空气清洁法、国家能源法等强制性法案要求汽车公司电动汽车销售量达到总量一定的比例以及燃油经济性排放要求等，越来越严格的企业平均燃油经济性要求（CAFE）也是促进新能源汽车发展的保障。

3. 研发及产业化支持政策

2009 年 3 月，美国政府宣布启动"下一代电动汽车"计划，为动力电池及电池材料制造商提供 15 亿美元资助，为电动汽车及驱动电机、电控系统等关键零部件制造商提供 5 亿美元资助。美国能源部在 2012 年初表示要在 5 年内投资 1.2 亿美元，建立美国首个国家级电池研究中心，研究先进的电池技术和储能技术，并设立基金会，将研发作为新能源汽车发展的重中之重，并提供了具体的资金保证。与此同时，政府还设立了一个总量为 250 亿美元的基金，以低息贷款方式支持厂商对节能和新能源汽车的研发和生产，目标是每年汽车燃油经济性提高一倍，这一揽子计划形成了美国新能源汽车产业化和市场化的第一推动力。

4. 基础设施建设及示范推广政策

美国能源部在 18 个城市开展电动汽车示范项目，并出资 4 亿美元用于插电式电动汽车与电气设施的示范运行和评估以及电动汽车装配与维修技师的培训。设立 500 万美元的"社区贡献奖"与 850 万美元的"清洁城市倡议奖"，以竞争性拨款的方式支持社区规划的插电式混合动力汽车及充电基础设施建设。美国还为投资充电设施建设的个人和企业提供投资总额 30% 的补贴。

5. 消费刺激政策

混合动力汽车方面：按照能源政策法案，美国为每款符合条件的混合动力乘用车提供 900～3400 美元不等的税收抵免优惠；每个汽车品牌所售前 6 万辆混合动力汽车可享受全额优惠；销量达 6 万辆后，下两个季度所售混合动力汽车的优惠降为全额的 50%，再下两个季度降为 25%，之后不再享有优惠政策。

插电式混合动力汽车与纯电动汽车方面：美国政府为购买装备 4kWh 电池的

插电式电动汽车（含插电式混合动力汽车与纯电动汽车）提供 2500 美元的抵税优惠，随着电池容量的增加，按 417 美元/kWh 增加税收抵免额度，并根据车重设定了不同的税收抵免额度上限，见表 3-1。

表 3-1　　　　美国插电式混合动力汽车与纯电动汽车最高抵税额度

车辆总重（GVW）磅	最高税收抵免额度（美元）
GVW≤10000	7500
10000≤GVW≤14000	10000
14000≤GVW≤26000	12500
GVW＞26000	15000

二、欧盟

1. 挪威

挪威是世界上电动车销量最多的国家之一，这与挪威政府对于电动车的大力补贴关系密切。在挪威购买电动车，可免征销售税和 25% 的增值税。电动汽车上路后不仅充电免费，还可以在公交车道行驶，且不用缴纳城市通行费和公共停车场的停车费。除此以外，进口电动车会免除进口关税。

2. 法国

2010 年 1 月，法国政府宣布将实施"发展电动汽车全国计划"，预计到 2020 年，该国将推广 200 万辆电动汽车，法国政府还与汽车制造商签订协议，在 20 个城市推广使用电动汽车。2015 年法国已有 10 余个城市运行电动汽车，且具有比较完善的充电站等服务设施，政府机关带头使用电动汽车，并计划为 20 家公共和私营单位协调购买 5 万辆电动汽车，加快规模经济效益，并使政府发挥率先垂范作用。

为了推广电动汽车的使用，政府还采取了"企业购买电动汽车的第一年可以免税"的政策。2014 年 7 月，法国生态可持续发展和能源部提出最终议案，将对电动汽车给予更多优惠政策。在当前购买电动汽车补贴 6300 欧元的基础上，再额外增加 10000 欧元，作为环境奖金鼓励消费者购买电动汽车。法国议会还通过了新的法律，鼓励新建电动汽车充电设施。企业安装充电基础设施将会获得减少缴纳税款的回报。

3. 德国

德国政府已拟定《德国联邦政府国家电动车发展规划》，并依托多个政府资助框架促进电动车研发。联邦政府已主要面向电动车促进增加 5 亿欧元拨款，汽车扶持重点包括研发、市场准备等，并对试点地区事项给予特别关注。德国主要领先企业都已在电动车研发方面开展国际合作，并取得研发成果。

德国政府规定，在 2015 年以前购买电动车可享受十年免交行驶税的优惠。在 2016～2020 年购买的电动车可以与家中另一辆车共享车牌，这样就只需缴纳一份保险。此外，德国政府正在计划实行新的优惠方案，包括纯电动汽车、插电式混合动力汽车以及燃料电池车在内的车型，未来可以享受免费停车、允许使用公交车道等权利。

4. 英国

2016 年前，在英国购买满足一定标准的电动汽车的消费者可获得车价 25％的奖金，为 3000～8000 美元。英国政府还投资 2000 多万英镑用于支持电动汽车的开发，实行多项电动汽车使用优惠政策，例如免收牌照税、养路费，夜间充电只收 50％的电费等。在英国，电动汽车可以使用公交车专用道，有些地方甚至建立了电动汽车专用道和专门的免费停车位。

三、日本

在日本，凡购买电动汽车的用户可减免汽车购置税、固定资产税、特别土地保护税等，以及享受政府的专项补助金优惠。纯电动汽车可享受税费减半政策，并给予与同级别传统车差价 50％的优惠补贴。日本政府还在国内建立了多座充电站等基础设施，以方便电动汽车的推广，并积极推动汽车租赁、城市出租车普及、城市公共运输、电池租赁服务和政府用车等活动，通过政府采购，率先在公共交通领域推广电动汽车的优先采购。

日本政府的补贴政策中还充分考虑了对电动汽车充电基础设施的补贴。日本经济产业省根据不同的快速充电设备计算补贴基准额度，最高补贴额度可超过基准额度的 1/2。另外，各个地方政府也提供了有关充电基础设施的补贴政策，如琦五县提供了最高达 85 万日元的单座充电设施补贴；东京市在 2010 年为 33 个快充点提供补贴，最高补助金额达 87.5 万日元，并要求为接受补贴的对象提供 5 年免费开放服务；横滨市提供了最高 40 万日元的设备和安装费用补助。

除此之外，日本政府还推动环保意识普及活动，通过网络普及环境问题的严峻性、电动汽车在环保方面的贡献等，提高民众的社会责任感及电动汽车的购买偏好，与此同时通过法规刺激市场对电动汽车的需求，这主要体现在实施严格的车辆排放标准和制定严格的排放法规。

四、中国

从 2014 年至今，国家主管部门有关新能源汽车财政补助、规范标准、运营管理、商业模式、基础设施、准入管理、充电价格、推广应用等政策规划已出台近百项，对加快我国新能源汽车的推广应用起到了关键作用。

1. 国家新能源汽车相关政策情况

（1）国务院办公厅关于加快新能源汽车推广应用的指导意见（国办发〔2014〕35 号）。

1）以纯电驱动为新能源汽车发展的主要战略取向，重点发展纯电动汽车、插电式（含增程式）混合动力汽车和燃料电池汽车，以市场主导和政府扶持相结合，建立长期稳定的新能源汽车发展政策体系，创造良好发展环境，加快培育市场，促进新能源汽车产业健康快速发展。

2）加快充电设施建设：制定充电设施发展规划和技术标准；完善城市规划和相应标准；完善充电设施用地政策；完善用电价格政策；推进充电设施关键技术攻关；鼓励公共单位加快内部停车场充电设施建设；落实充电设施建设责任。

2016～2020 年，充电站目标达到 10000 座，将现有的"两纵一横"，扩充到沈海、京沪、京台、京港澳和青银、连霍、沪蓉、沪昆组成的"四纵四横"电动汽车充电网络。

3）积极引导企业创新商业模式：加快售后服务体系建设；积极鼓励投融资创新；发挥信息技术的积极作用。

4）进一步完善政策体系：完善新能源汽车推广补贴政策；改革完善城市公交车成品油价格补贴政策；给予新能源汽车税收优惠；多渠道筹集支持新能源汽车发展的资金；完善新能源汽车金融服务体系；制定新能源汽车企业准入政策；建立企业平均燃料消耗量管理制度；实行差异化的新能源汽车交通管理政策。

5）破除地方保护，统一标准和目录，规范市场秩序。加强技术创新和产品质量监管：加大科技攻关支持力度；组织实施产业技术创新工程；完善新能源汽车产品质量保障体系。

（2）国管局、财政部、科技部、工业和信息化部、发展改革委员会关于印发政府机关及公共机构购买新能源汽车实施方案（国管节能〔2014〕293 号）。

2014～2016 年，中央国家机关以及相关应用城市的政府机关及公共机构购买的新能源汽车占当年配备更新总量的比例不低于 30%，以后逐年提高。除上述政府机关及公共机构外，各省（区、市）其他政府机关及公共机构，2014 年购买的新能源汽车占当年配备更新总量的比例不低于10%（其中京津冀、长三角、珠三角细微颗粒物治理任务较重区域的政府机关及公共机构购买比例不少于15%）；2015年不低于20%；2016年不低于30%，以后逐年提高。

（3）财政部、科技部、工业和信息化部、发展改革委员会发布关于2016～2020年新能源汽车推广应用财政支持政策的通知（财建〔2015〕134号）。

1）补助对象。补助对象是消费者。新能源汽车生产企业在销售新能源汽车产品时按照扣减补助后的价格与消费者进行结算，中央财政按程序将企业垫付的补助资金再拨付给生产企业。

2）补助产品。中央财政补助的产品是纳入"新能源汽车推广应用工程推荐车型目录"的纯电动汽车、插电式混合动力汽车和燃料电池汽车。

3）补助标准。补助标准主要依据节能减排效果，并综合考虑生产成本、规模效应、技术进步等因素逐步退坡。2016年各类新能源汽车补助标准见表3-2和3-3。2017～2020年除燃料电池汽车外其他车型补助标准适当退坡，其中：2017～2018年补助标准在2016年基础上下降20%，2019～2020年补助标准在2016年基础上下降40%。

表3-2　　2016年电动乘用车推广应用补助标准（单位：万元/辆）

车辆类型	纯电动续驶里程 R（工况法，km）			
	$100 \leqslant R < 150$	$150 \leqslant R < 250$	$R \geqslant 250$	$R \geqslant 50$
纯电动乘用车	2.5	4.5	5.5	—
插电式混合动力乘用车（含增程式）	—	—	—	3

表3-3　　2016年电动客车推广应用补助标准（单位：万元/辆）

车辆类型	单位载质量能量消耗量 $[E_{kg}$，Wh/$(km \cdot kg)]$	标准车（10m＜车长≤12m）					
		纯电动续驶里程 R（等速法，km）					
		$6 \leqslant R < 20$	$20 \leqslant R < 50$	$50 \leqslant R < 100$	$100 \leqslant R < 150$	$150 \leqslant R < 250$	$R \geqslant 250$
纯电动客车	$E_{kg} < 0.25$	22	26	30	35	42	50
	$0.25 \leqslant E_{kg} < 0.35$	20	24	28	32	38	46
	$0.35 \leqslant E_{kg} < 0.5$	18	22	24	28	34	42
	$0.5 \leqslant E_{kg} < 0.6$	16	18	20	25	30	36
	$0.6 \leqslant E_{kg} < 0.7$	12	14	16	20	24	30
插电式混合动力客车（含增程式）		20		23		25	

（4）发改委关于电动汽车用电价格政策有关问题的通知（发改价格〔2014〕1668号）。

对向电网经营企业直接报装接电的经营性集中式充换电设施用电，执行大工业用电价格。2020年前，暂免收基本电费。其他充电设施按其所在场所执行分类目录电价。其中，居民家庭住宅、居民住宅小区、执行居民电价的非居民用户中设置的充电设施用电，执行居民用电价格中的合表用户电价；党政机关、企事业单位和社会公共停车场中设置的充电设施用电执行"一般工商业及其他"类用电价格。电动汽车充换电设施用电执行峰谷分时电价政策。鼓励电动汽车在电力系统用电低谷时段充电，提高电力系统利用效率，降低充电成本。

（5）交通运输部关于加快推进新能源汽车在交通运输行业推广应用的实施意见（交运发〔2015〕34号）。

至2020年，新能源汽车在交通运输行业的应用初具规模，在城市公交、出租汽车和城市物流配送等领域的总量达到30万辆；新能源汽车配套服务设施基本完备，新能源汽车运营效率和安全水平明显提升。具体体现在：

1）应用规模显著扩大。新能源汽车占城市公交车、出租汽车和城市物流配送车辆的比例显著提升，充换电配套设施服务更加完善。公交都市创建城市新增或更新城市公交车、出租汽车和城市物流配送车辆中，新能源汽车比例不低于30％；京津冀地区新增或更新城市公交车、出租汽车和城市物流配送车辆中，新能源汽车比例不低于35％。到2020年，新能源城市公交车达到20万辆，新能源出租汽车和城市物流配送车辆共达到10万辆。

2）使用效果显著提升。新能源汽车在交通运输行业的运营效率明显提升，纯电动汽车运营效率不低于同车长燃油车辆的85％。投入交通运输行业的新能源汽车可靠性显著增强，车辆故障率明显降低。

3）可持续发展能力显著提升。新能源汽车在交通运输行业推广应用的法规政策和标准规范体系基本建立，可持续发展的机制比较完善；新能源汽车购买、运营、维护成本显著下降，交通运输企业购买使用新能源汽车的主动性明显增强。

（6）发改委关于印发《电动汽车充电基础设施发展指南（2015—2020年）》的通知（发改能源〔2015〕1454号）。

发展指南明确提出了我国"十三五"阶段电动汽车充电基础设施发展的总体目标，而且还提出了分区域和分场所建设的目标。2020年，建成集中充换电站1.2万座，分散充电桩480万个，满足全国500万辆电动汽车充电需求。

发展指南要求新建住宅配建停车位应100％建设充电基础设施或预留建设安装条件，大型公共建筑物配建停车场、社会公共停车场建设充电基础设施或预留建设安装条件的车位比例不低于10％，每2000辆电动汽车应至少配套建设一座公共充电站。

2. 各省市新能源汽车补贴政策情况

截至2016年12月1日，全国共有北京、上海、崇明、深圳、天津、西安、杭州、浦江、绍兴、嘉兴、台州、宁海、吉林、沈阳、江苏、扬州、南京、无锡、镇江、南通、常州、江阴、青海、河南、郑州、海口、莆田、泉州、南平、厦门、龙岩、宁德、漳州、湖南、江西、哈尔滨、山西、河北、石家庄、邯郸、甘肃、平凉、包头、呼和浩特、芜湖45个省市出台新能源汽车补贴办法或实施细则，另外，长春、贵阳、海南、宁波、内蒙古、合肥、宜兴、云南8个省市的补贴标准在新能源汽车推广规划中均有提及。

在53个省市的补贴标准里，北京、西安、浦江、宁海、厦门、长春、海南、山西、包头、呼和浩特、云南11个省市按国家与地方1：1比例补贴。吉林、石家庄按国家与地方1：0.5补贴；沈阳按国家与地方1：0.7补助；泉州按国家与地方1：0.8补助；漳州、郑州、海口、甘肃按国家与地方1：0.6补贴；平凉按国家与地方1：0.25补贴。其他省市都按照各自的标准制定的补贴政策。

其中，在北京的补贴政策里，没有提及插电式混合动力车；上海对插电式混合动力乘用车补贴10000元，并对其做了相应的限制条件。合肥、深圳、西安等城市的补贴手段比其他城市的补贴手段更全面。除了车辆购置补贴外，合肥还对个人购买纯电动乘用车的给予10 000元补贴。首次机动车交通事故责任强制保险费用给予全额财政补助；免收牌照费；市区道路临时停车给予优惠。对自行或组织员工一次性购买纯电动乘用车超过10辆的法人单位，给予2000元补助，专项用于单位充电设施建设管理。对个人提前淘汰自有黄标车购买纯电动乘用车或纯电动物流车的，在享受提前淘汰黄标车财政补偿资金的基础上，再给予3000元补助。深圳有一次性充电补贴、购车环节补贴。西安对新能源汽车免收牌照费。对个人购买新能源汽车给予10 000元补贴。对个人购买新能源汽车的，首次机动车交通事故责任强制保险费用给予全额财政补贴[1]。

3. 各省市电动汽车充电规划和充电补贴政策

截至2016年11月15日，全国共有北京、上海、广州、中山、惠州、重庆、山东、青岛、潍坊、河北、石家庄、衡水、山西、运城、泸州、安徽、安庆、滁州、铜陵、淮北、天津滨海、武清、浙江、金华、温州、许昌、郑州、成都、杭州、合肥、广西、柳州、云南、青海、江西、陕西、湖南、福建、甘肃、海南、河南等 15 省 45 市出台电动汽车充电规划或补贴，而哈尔滨、贵阳、西安、烟台、文昌、沈阳、海口、江苏等八个省市的充电规划或补贴在其新能源汽车推广方案（指导意见）中均有提及。

北京、石家庄、陕西、湖南、福建、龙岩、厦门、福州、云南、梧州、新疆、浙江、山西、泸州、河南等 15 个省市出台了"十三五"电动汽车充电基础设施专项规划。在电动汽车充电设施补贴方面，全国共有北京、上海、广州、惠州、成都、合肥、沈阳、西安、海口、甘肃、江苏、江西、莆田、漳州、南平、湖南、广安、吉林、崇明 19 省市明确充电设施补贴标准[1]。

第二节　电动汽车相关标准

电动汽车标准主要包括四个方面：①基础性标准，涉及一些基本定义、基本功能要求；②试验方法标准，涉及电动汽车各项性能的统一评价方法；③一些必须的要求，涉及各类电动汽车性能、环保、安全方面的基本规定；④通用性、互换性标准。

目前，国外最具有代表性的是美国、日本和欧洲 3 个体系。相应的标准化工作组织主要有国际标准化组织（ISO）、国际电工委员会（IEC）、日本电动车辆协会（JEVA）、美国汽车工程师学会（SAE）和欧洲标准化委员会（CEN）等。截至 2013 年，这些组织已制定电动汽车相关标准共 233 项，涵盖整车相关标准、电池相关标准、电机相关标准、基础设施相关标准、其他标准等。

一、电动汽车 ISO/IEC 标准

ISO 在电动汽车标准研究方面致力于针对电动汽车整车以及充电设施通信进行研究。其下属 TC 22 /SC 3（国际标准化组织/道路车辆技术委员会电气和电子分技术委员会），主要负责电动汽车与充电设施的接口及通信等方面的标准制定工作。

IEC 致力于电子元器件和电动汽车的充电基础设施的研究。其下属 TC 69（电动道路车辆和电动载货车分技术委员会）负责制定电动车辆充电标准。

IEC /ISO JWG，由 IEC /TC 69、ISO/TC 22 /SC 21 及 ISO/TC 22 /SC 3 成立的联合工作组，致力于协调开展汽车与电网间物理及通信类接口（V2G CI）标准制定工作。

二、电动汽车国家和地区标准

1. 美国

针对纯电动汽车与混合动力汽车，美国汽车工程师学会（SAE）已发布的技术标准主要包括整车系统、蓄电池、充电接口及基础设施4个大类，具体内容包括：各类电动车的术语和安全技术要求；整车动力性、经济性和排放、电磁场强度等的试验、测量方法；蓄电池和蓄电池组的各种试验规程及对电动车辆用的高压电线、线束与元器件、连接件的技术要求和试验方法。SAE也在不断完善其标准体系，特别是在加快可外接充电式混合动力车整车及通信协议等相关标准的制定。近期SAE正在制定一系列插电式混合动力车辆与公用电网、充电设备间的协议和接口等标准，为插电式混合动力车辆的产业发展和广泛应用打下基础。

2. 欧洲

欧洲标准化体系的构成主要包括欧洲标准化委员会（CEN）、欧洲电工标准化委员会（CENELEC）、欧洲电信标准协会（EYSI）、欧洲各国的国家标准机构以及一些行业和协会标准团体。欧盟电动汽车标准在制定过程中，也参考了相应的ISO和IEC等国际标准。欧洲电动汽车产品技术路线仍不明朗，相关标准化组织没有具体针对各零部件产品制定术语和测试等标准，已有标准多为通用性标准，包括电动汽车术语、操纵特性、能量特性测量、安全特性、噪声以及排放等。

3. 日本

日本电动汽车协会（JEVA）负责电动汽车标准化的研究与标准的制定。该协会是由汽车、蓄电池、充电器、电机及控制器的制造厂商和其他相关组织组成。协会下设3个分委会：整车分委会、基础设施分委会、蓄电池分委会。在标准制定过程中，对因缺少必要的技术信息而暂不适宜作为标准的项目则先将其确定为指导性技术文件——技术导则（加TG来表示），这些指导性技术文件待以后条件成熟时再修订为标准。

从20世纪80年代至今，JEVA从电动车辆术语、整车的各类试验方法与要求，到各种蓄电池、电机等关键零部件和充电系统的技术要求与试验方法，形成了比较完整的纯电动汽车与混合动力汽车标准法规体系。JEVA也在不断完善其标准体系，特别是电动汽车用锂离子蓄电池性能试验方法的制定方面。日本国内各大车企均有详细的电动汽车企业标准，但仍没有专门针对整车的国家标准和行业标准。

4. 中国

国内标准制定相关机构有：SAC（国家标准化管理委员会）工业标准二部，负责管理全国的标准化工作；MIIT（工业和信息化部）负责汽车行业标准的制修订及备案工作；SAC /TC 114 /SC 27（全国汽车标准化技术委员会/电动车辆标准化分技术委员会）对口 ISO/TC 22 /SC 21 及 IEC /TC 69，负责全国电动车辆领域标准化工作；能源行业电动汽车充电设施标准化技术委员会，由国家能源局归口管理，负责电动汽车充电设施标准的体系建设、标准制修订以及储能装置在电动汽车上的应用等专业的标准化工作。

我国电动汽车标准体系建设直接关系电动汽车产业的健康可持续发展，如表3-4所示。我国电动汽车标准体系已基本建立，涵盖电动汽车基础通用、整车、关键总成（含电池、电机、电控）、电动附件、基础设施、接口与界面等各领域。

表3-4　　　　　　　　我国电动汽车标准列表

序号	标准号	标　准　名　称	参考或对应的标准
基　础　通　用			
1	GB/T 18384.1—2001	电动汽车　安全要求　第1部分：车载储能装置	ISO 6469 - 1：2000
2	GB/T 18384.2—2001	电动汽车　安全要求　第2部分：功能安全和故障防护	ISO 6469 - 2：2000
3	GB/T 18384.3—2001	电动汽车　安全要求　第3部分：人员触电防护	ISO 6469 - 3：2000
4	GB/T 4094.2—2005	电动汽车操纵件、指示器及信号装置的标志	ISO 2575：2000
5	GB/T 19596—2004	电动汽车术语	ISO 8713：2002
6	QC/T 837—2010	混合动力电动汽车类型	
7	GB/T 24548—2009	燃料电池汽车整车术语	
8	QC/T 893—2011	电动汽车用驱动电机系统故障分类及判断	
整车—纯电动汽车			
9	GB/T 24552—2009	电动汽车风窗玻璃除霜除雾系统的性能要求及试验方法	
10	GB/T 19836—2005	电动汽车用仪表	IEC 784：1984
11	GB/T 28382—2012	纯电动乘用车技术条件	
12	QC/T 838—2010	超级电容电动城市客车	

序号	标准号	标 准 名 称	参考或对应的标准
13	GB/T 18385—2005	电动汽车动力性能试验方法	ISO 8715：2001
14	GB/T 18386—2005	电动汽车能量消耗率和续驶里程试验方法	ISO 8714：2002
15	GB/T 18387—2008	电动车辆的电磁场发射强度的限值和测量方法，宽带，9kHz～30MHz	SAEJ 551 - 5 JAN2004
16	GB/T 18388—2005	电动汽车定型试验规程	
17	QC/T 925—2013	超级电容电动城市客车定型试验规程	
整车—混合动力电动汽车			
18	GB/T 19751—2005	混合动力电动汽车安全要求	ECE R100
19	GB/T 19750—2005	混合动力电动汽车定型试验规程	
20	GB/T 19752—2005	混合动力电动汽车动力性能 试验方法	EN 1821 - 2、EPA TP002
21	GB/T 19753—2013	轻型混合动力电动汽车 能量消耗量 试验方法	ECE R101.01
22	GB/T 19754—2005	重型混合动力电动汽车 能量消耗量 试验方法	SAE J2711ECE R101.01
23	GB/T 19755—2005	轻型混合动力电动汽车 污染物排放 测量方法	ECE R83
24	QC/T 894—2011	重型混合动力电动汽车 污染物排放 车载测量方法	
整车—燃料电池电动汽车			
25	GB/T 24549—2009	燃料电池汽车安全要求	
26	GB/T 29123—2012	示范运行氢燃料电池电动汽车技术规范	
27	GB/T 26991—2011	燃料电池电动汽车最高车速试验方法	ISO/TR 11954：2008
28	GB/T 29124—2012	氢燃料电池电动汽车示范运行配套设施规范	
关键总成—车载储能系统			
29	GB/T 18332.1—2009	电动道路车辆用铅酸蓄电池	IEC 61982 - 1：2006
30	GB/T 18332.2—2001	电动道路车辆用金属氢化物镍蓄电池	IEC 61436
31	GB/Z 18333.1—2001	电动道路车辆用锂离子蓄电池	
32	GB/Z 18333.2—2001	电动道路车辆用锌 - 空气蓄电池	
33	QC/T 741—2006	车用超级电容器	

序号	标准号	标 准 名 称	参考或对应的标准
34	QC/T 742—2006	电动汽车用铅酸蓄电池	IEC 61982
35	QC/T 743—2006	电动汽车用锂离子蓄电池	IEC 62660
36	QC/T 744—2006	电动汽车用金属氢化物镍蓄电池	
37	QC/T 840—2010	电动汽车用动力蓄电池产品规格尺寸	ISO/IEC PAS 16898
38	QC/T 897—2011	电动汽车用电池管理系统技术条件	
39	QC/T 990—2014	电动汽车用锌空气电池	
关键总成—驱动系统			
40	GB/T 18488.1—2006	电动汽车用电机及其控制器 第1部分：技术条件	
41	GB/T 18488.2—2006	电动汽车用电机及其控制器 第2部分：试验方法	
42	QC/T 896—2011	电动汽车用驱动电机系统接口	
43	GB/T 29307—2012	电动汽车用驱动电机系统可靠性试验方法	
44	QC/T 926—2013	轻型混合动力电动汽车（ISG型）用动力单元可靠性试验方法	
关键总成—燃料电池系统			
45	GB/T 26990—2011	燃料电池电动汽车车载氢系统技术要求	
46	GB/T 29126—2012	燃料电池电动汽车车载氢系统试验方法	
47	QC/T 816—2009	加氢车技术条件	
48	GB/T 24554—2009	燃料电池发动机性能试验方法	
关键总成—电子控系统			
49	GB/T 24347—2009	电动汽车DC/DC变换器	
基 础 设 施			
50	GB/T 29317—2012	电动汽车充换电设施术语	
51	GB/T 29316—2012	电动汽车充换电设施电能质量技术要求	
52	GB/T 18487.1—2015	电动车辆传导充电系统 第1部分：一般要求	IEC 61851-1
53	GB/T 18487.2—2001	电动车辆传导充电系统 第2部分：电动车辆与交流/直流电源的连接要求	IEC 61851-21,-22

序号	标准号	标 准 名 称	参考或对应的标准
54	GB/T 18487.3—2001	电动车辆传导充电系统 第3部分：电动车辆交流/直流充电机（站）	IEC 61851-23
55	NB/T 33001—2010	电动汽车非车载传导式充电机技术条件	
56	NB/T 33002—2010	电动汽车交流充电桩技术条件	
57	QC/T 895—2011	电动汽车车载传导式充电机技术条件	
58	NB/T 33008.1—2013	电动汽车充电设备检验试验规范 第1部分：非车载充电机	
59	NB/T 33008.2—2013	电动汽车充电设备检验试验规范 第2部分：交流充电桩	
60	NB/T 33006—2013	电动汽车电池箱更换设备通用技术要求	
61	GB/T 29781—2013	电动汽车充电站通用要求	
62	GB 50966—2014	电动汽车充电站设计规范	
63	GB/T 29772—2013	电动汽车电池更换站通用技术要求	
64	NB/T 33009—2013	电动汽车充换电设施建设技术导则	
65	NB/T 33004—2013	电动汽车充换电设施工程施工和竣工验收规范	
66	GB/T 29318—2012	电动汽车非车载充电机电能计量	
67	GB/T 28569—2012	电动汽车交流充电桩电能计量	
68	NB/T 33005—2013	电动汽车充电站及电池更换站监控系统技术规范	
69	NB/T 33007—2013	电动汽车充电站/电池更换站监控系统与充换电设备通信协议	
70	GB 29303—2012	用于Ⅰ类和电池供电车辆的可开闭保护接地移动式剩余电流装置（SPE-PRCD）	
71	NB/T 33018—2015	电动汽车充换电设施供电系统技术规范	
72	NB/T 33021—2015	电动汽车非车载充放电装置技术条件	
73	NB/T 33023—2015	电动汽车充换电设施规划导则	
接 口 与 界 面			
74	GB/T 20234.1—2015	电动汽车传导充电用连接装置 第1部分：通用要求	IEC 62196-1

序号	标准号	标准名称	参考或对应的标准
75	GB/T 20234.2—2015	电动汽车传导充电用连接装置 第2部分：交流充电接口	IEC 62196-2
76	GB/T 20234.3—2015	电动汽车传导充电用连接装置 第3部分：直流充电接口	IEC 62196-3
77	GB/T 27930—2015	电动汽车非车载传导式充电机与电池管理系统之间的通信协议	IEC 61851-24
78	GB/T 26779—2011	燃料电池电动汽车加氢口	

第三节　充电设施相关标准

一、国际与国外标准

电动汽车充换电设施相关国际标准主要由 IEC/TC69 和 IEC/SC23H 负责制定。目前，电动汽车充电系统标准 IEC 61851 系列由 TC69/WG4、MT5 负责制定和维护；充电接口标准 IEC 62196 系列由 IEC/SC23H/MT8 进行维护；通信协议 ISO/IE 15118 系列由 ISO/IEC 联合工作组 JWG1 负责；无线充电系统 IEC 61980 系列由 IEC/TC69/PT61980 负责制定；电池更换系统 IEC 62840 系列由 IEC/TC69/PT62840 负责制定。

欧洲电工标准化委员会 CENELEC 制定的欧洲标准（EN）和协调性文件（HD），其成员国必须执行，同时必须撤销与之对立的标准。德国的 DIN 负责德国标准的管理，而德国汽车工业协会（VDA）与德国电工委员会（DKE）分别在技术层面负责电动车辆与充电设施[9]相关标准的修订工作。美国的 SAE 主要负责美国汽车及充电接口相关标准的编制和发布，NEMA 负责美国设施类标准及通信协议的编制。成立于 2010 年的 CHAdeMO（日本电动汽车快速充电器协会）组织，主要由日本丰田、三菱、东京电力等企业联合发起，主要关注直流快充接口及直流充电机的标准，也是现在全球范围得到应用最广的标准体系之一。

1. IEC 61851 系列标准

IEC 61851 系列标准是国际上最早的电动汽车充电设施方面的标准，标准主体是电动汽车传导充电系统。主要包括：

（1）IEC 61851 - 1《电动汽车传导充电系统　第 1 部分：一般要求》。

（2）IEC 61851 - 21《电动汽车传导充电系统　第 21 部分：电动车辆与交流直流电源的连接要求》。

（3）IEC 61851 - 22《电动汽车传导充电系统　第 22 部分：电动车辆交流充电站》。

（4）IEC 61851 - 23《电动汽车传导充电系统　第 23 部分：电动车辆直流充电站》。

（5）IEC 61851 - 24《电动汽车传导充电系统　第 24 部分：直流充电站与电动车辆之间的充电控制通信》。

2. IEC 62196 系列标准

IEC 62196 系列标准是电动汽车传导充电接口方面的标准，主要包括：

（1）IEC 62196 - 1《电动汽车传导充电用插头、插座、车辆耦合器和车辆插孔　第 1 部分：通用要求》。该标准规定了充电接口的通用要求，具体包括电动汽车传导充电用交直流充电接口的定义，连接装置的定义、充电电压电流功率等额定值范围、试验方法和安全性检验等。

（2）IEC 62196 - 2《电动汽车传导充电用插头、插座、车辆耦合器和车辆插孔　第 2 部分：交流插针、导电铜管附件的尺寸互换性要求》。该标准包括了 3 种交流充电接口方案以及具体的插口插座细节。三种交流充电接口分别定义为 type1、type2、type3，分别来自于美国、德国和意大利的提案。

（3）IEC 62196 - 3《电动汽车传导充电用插头、插座、车辆耦合器和车辆插孔　第 3 部分：直流插针、导电铜管附件的尺寸互换性要求》。该标准草案包括了 4 种直流充电接口方案，分别来自于日本、中国、美国和德国的提案。标准中包含了中国标准独立接口方案 GB/T 20234.3 电动汽车传导充电用连接装置第 3 部分：直流充电接口。

3. ISO/IEC 15118 系列标准

ISO/IEC 15118 系列标准是电动汽车与电网之间的通信标准，主要包括：

（1）ISO/IEC 15118 - 1《道路车辆电动汽车与电网之间的通信协议　第 1 部分：定义与使用案例》。

（2）ISO/IEC 15118 - 2《道路车辆电动汽车与电网之间的通信协议　第 2 部分：序列图和通信层》。

（3）ISO/IEC 15118 - 3《道路车辆电动汽车与电网之间的通信协议　第 3 部分：物理层和数据链路层》。

4. SAE 系列标准

SAE 系列标准与充换电设施密切相关的标准主要包括：

（1）SAE J1772《电动车辆传导充电连接器》。

（2）SAE J1773《电动车辆感应充电连接器》。

（3）SAE J2894 - 1《车辆充电器功率质量要求　第 1 部分：技术条件》。

（4）SAE J2894 - 2《车辆充电器功率质量要求　第 2 部分：测试方法》。

5. JEVS 系列标准

JEVS 系列标准与充换电设施密切相关的标准主要包括：

（1）JEVS G 101《电动车辆适用于经济充电站快速充电系统的充电器》。

（2）JEVS G 103《电动车辆适用于经济充电站快速充电系统的充电站台》。

（3）JEVS G 105《电动车辆适用于经济充电站快速充电系统的连接器》。

（4）JEVS G 601《电动汽车充电器用插入连接器》。

（5）JEVS TG G101《电动汽车的 200V 充电系统》。

（6）JEVS TG G102《电动汽车充电设备的安装要求》。

二、国内标准

电动汽车相关国家和行业标准主要由挂靠在中国汽车研究中心（CATRC）的国家车辆标准化委员会电动汽车分委会（SAC TC114/SC27）牵头，并负责与 IEC TC69 的对口工作；挂靠在中国电力企业联合会（CEC）能源行业电动汽车充电设施标准化技术委员会（NEA TC3）则负责充电设施方面标准的技术归口工作。在零部件方面，电缆控制与保护装置由挂靠在上海电器科学研究院（SEARI）的国家低压电器标委会（SAC TC189）负责；充电电缆由挂靠在上海电缆研究所（SECRI）的国家电线和电缆标委会（SAC TC213）负责；充电连接器由挂靠在中国电器院（CEI）的国家电器附件标委会（SAC TC67）负责，并负责与 IEC SC23H 的对口工作。

1. 国家标准

（1）GB/T 18487《电动车辆传导充电系统》系列标准包括一般要求、电动车辆与交流/直流电源的连接要求、电动车辆交流/直流充电站。

（2）GB/T 20234—2015《电动汽车传导充电用连接装置》规定了电动汽车传导充电用连接装置的定义、要求、试验方法和检验规则，适用于电动汽车传导式充电用的充电连接装置。具体包括 GB/T 20234.1—2015《电动汽车传导充电用连接装置　第 1 部分：通用要求》、GB/T 20234.2—2015《电动汽车传导充电

用连接装置　第 2 部分：交流充电接口》、GB/T 20234.3—2015《电动汽车传导充电用连接装置　第 3 部分：直流充电接口》。

（3）GB/T 27930—2015《电动汽车非车载传导式充电机与电池管理系统之间的通信协议》，该标准规定了通信物理层、数据链路层、应用层的定义。

（4）GB/T 28569—2012《电动汽车交流充电桩电能计量》，规定了电能计量装置的配置要求、技术要求、试验方法和检验规则。

2. 行业标准

（1）NB/T 33001—2010《电动汽车非车载传导式充电机技术条件》。

（2）NB/T 33002—2010《电动汽车交流充电桩技术条件》。

（3）NB/T 33003—2010《电动汽车非车载充电机监控单元与电池管理系统通信协议》。

三、国内外充电设施标准比对

在交流充电接口标准方面，北美和日本采用单相交流充电接口 type1；欧洲采用三相交流充电接口 type2；而法国和意大利等国提出 type3。中国的交流接口标准与 type2 接近，但在具体结构、尺寸及锁止方式有较大的区别，无法直接对接，但其导引控制电路原理基本兼容。

中国标准和国际标准中关于交流接口的物理结构及其额定值见表 3 - 5，可见：

（1）国际标准中主要有 3 种交流充电接口物理结构，其中 type1 主要支持国家为美国和日本，type2 的主要支持国家为德国，type3 的主要支持国家为意大利和法国。

（2）中国的交流充电接口总体布置和 type2（德国方案）最为接近，都采用 7 芯结构，可单相充电和三相充电（中国三相充电为预留）。

（3）在锁止方式上，中国标准和美国方案比较一致，都首选简单可靠的机械锁，同时可以配合使用电子锁提高安全性。

（4）交流充电分单相充电和三相充电，电流额定值主要包括 16A、32A、63A 等。

（5）采用单相充电的物理接口采用 5 芯结构，三相充电使用 7 芯结构。

表 3-5   交流充电接口国内外主要技术方案

方案 相关参数	美国方案	德国方案		意大利方案			中国标准 (待批准国标)	
				单控制导引	双控制导引			
相数	单相	单相	三相	单相	单相	双相	单相	三相 为预留
电流	32A(美国80A)	70A	63A	16A a.c.	32A	32A	16/32A	
电压	不超过250V	不超过480V		250V	250V	500V	220V	
引脚和 锁止	5芯,机械锁 (电子锁未规定)	7芯,电子锁		4芯		5芯	7芯,机械锁 (电子锁为可选)	
				/				
接口 形式								

在直流充电标准方面,欧美普遍采用交直流一体的组合式充电接口(COMBO),其中,北美普遍采用是以 type1 为基础的 type1 COMBO,欧洲则是 type2 COMBO。欧美直流充电通信均采用了基于 HOME PLUG GREENPHY 技术的宽带 PLC 通信解决方案。日本采用的则是基于 CAN 通信的 ChadeMO 协会标准充电接口。与欧美国家相比中国则采用了自己的直流充电解决方案,其解决方案与日本类似,中国的直流充电方案也是基于 CAN 通信的方案,但是无论是连接器[10]的物理设计还是通信规约均与欧美和日本的方案完全不同,无法直接兼容。

中国标准和国际标准中关于直流接口的物理结构及其额定电压、通信方式等如表 3-6 所示。

表 3-6   直流充电接口国内外主要技术方案

参数	国际标准			
	中国提案	美国提案	日本提案	欧洲提案
结构				
针脚数	9	7	10(1个备用)	9
额定电压 V/A	750/250	600/200	600/150	850/200
通信方式	CAN	PLC	CAN	PLC
状态	国家标准报批稿		ChadeMo 协会标准	

在无线充电技术方面，欧美国家已经在 IEC 内主导了标准体系的话语权，相应的 IEC 61980 标准已部分发布。中国的无线充电技术尚处于起步阶段，目前为数不多的几家公司和研究机构介入这一领域，相关中国标准已经立项。

在电池更换技术方面，电池更换技术最早由以色列 BETTER PLACE 公司在以色列、荷兰等国家投入应用，但在标准化方面一直存在很大的阻力。在中国和以色列共同努力下，电池更换技术在 IEC 标准立项方面获得了突破，并于 2012 年在 IEC/TC69 建立了电池更换的项目组 PT 62840。目前已发布 IEC 62840-1《电动汽车电池更换系统　第 1 部分：通用要求》，使得中国在这一标准技术领域占据了主导权。

第四节　电动汽车专利

随着全球电动汽车产业的发展，为了实现电动汽车的技术保护，相关国家都申请了大量的专利。为了了解电动汽车技术的专利布局，避免出现侵犯他人知识产权的情况，同时有效保护我们自身的知识产权，有必要对电动汽车技术的专利情况进行介绍。

1. 我国电动汽车专利情况

我国电动汽车产业专利所使用的 IPC 主分类号，共涉及 119 个小类，使用最多的 10 个小类如表 3-7 所示，这些小类大概能占到总数的四分之三，使用最多的 5 个分类号大概能占到总数的 60%，这 10 个分类号所代表的技术领域是我国电动车电动汽车产业专利的主要技术领域。

表 3-7　　　　　　　　　我国电动汽车专利主要 IPC 分布

分类号	专利数	含　　义
B60K	41835	车辆动力装置或传动装置的布置或安装；两个以上不同的原动机的布置或安装；辅助驱动装置；车辆用仪表或仪表板；驱动装置的联合控制；车辆动力装置与冷却，进气，排气或燃料供给结合的布置
B60L	18027	电动车辆的电力装备或动力装置；用于车辆的磁力悬置或悬浮；一般车用电力制动系统
H01M	99991	用于直接转变化学能为电能的方法或装置，例如电池组
H02K	82998	电机
H02J	86739	供电或配电的电路装置或系统；电能存储系统

分类号	专利数	含　义
H02P	29536	电动机、发电机、机电变化器的控制或调节；控制变压器、电抗器、扼流圈
B60W	9172	不同类型或不同功能的车辆子系统的联合控制；专门适用于混合动力车辆的控制系统；不与某一特点子系统的控制相关联的道路车辆驾驶控制系统
F16H	63826	传动装置
B62D	42735	机动车；挂车
G01R	99997	测量电变量；测量磁变量

为了进一步了解电动汽车专利技术在我国各个时期的发展重点，将专利分为4个阶段进行，具体如表3-8所示。

表3-8　　　　　　　　我国电动汽车专利技术发展演变

阶段（年）	使用最多的六个主组分类号	技术含义	占所在阶段专利申请百分比	占所在阶段的累积百分比
1990～2000	B60K1	点动力装置的布置或安装	10.5	46.4
	B60L11	用车辆内部电源的电力牵引	10.5	
	H02J7	用电电池组的充电或去极化或用于由电池组向负载供电的装置	8.7	
	H01M10	二次电池及其制造	8.3	
	B60L15	控制电动车辆牵引电动机速度的方法，电路或机构	4.7	
	B60L8	用自然力所提供的电力的电力牵引，如太阳能、风力	3.7	
2001～2004	B60K1	点动力装置的布置或安装	9.3	37.5
	B60L11	用车辆内部电源的电力牵引	8.4	
	B60K6	用于公用或通用的动力装置的两个以上不同原动机的布置或安装	6.6	
	H01M10	二次电池及其制造	5.0	
	B60L15	控制电动车辆牵引电动机速度的方法，电路或机构	4.2	
	B60L8	用自然力所提供的电力的电力牵引，如太阳能、风力	4.0	

阶段 (年)	使用最多的六 个主组分类号	技术含义	占所在阶段专 利申请百分比	占所在阶段的 累积百分比
2005～2007	B60K6	用于公用或通用的动力装置的两个以上不同原动机的布置或安装	10.1	35.6
	B60L11	用车辆内部电源的电力牵引	7.1	
	H02K7	结构上与电机连接用于控制机械能的装置	5.3	
	H02J7	用电电池组的充电或去极化或用于由电池组向负载供电的装置	5.0	
	H01M10	二次电池及其制造	4.2	
	B60K1	点动力装置的布置或安装	3.9	
2008～	B60K6	用于公用或通用的动力装置的两个以上不同原动机的布置或安装	8.6	32.4
	H01M10	二次电池及其制造	6.9	
	B60L11	用车辆内部电源的电力牵引	5.7	
	H02J7	用电电池组的充电或去极化或用于由电池组向负载供电的装置	4.2	
	B60K1	点动力装置的布置或安装	3.5	
	B60K17	车辆传动装置的步骤或安装	3.5	

从表 3-8 中可以看出，现阶段 B60K6 类技术成为了研究最多的领域，B60K1、B60L11、H01M10 以及 H02J7 一直是研发的热点，也是电动汽车的关键技术，这些技术一直在不断发展和改进；在前两个阶段 B60L8 和 B60L15 类占一定的比重，但在后两个阶段有所下降。

2. 我国电动汽车专利申请人情况

为了进一步分析我国电动汽车专利情况，针对表 3-7 中的 10 个分类号，统计各分类号下排名前 10 的申请人。截至 2016 年，统计情况如下：

(1) B60K 专利申请排名前 10 的申请人。丰田自动车株式会社（1988），本田技研工业株式会社（1323），浙江吉利控股集团有限公司（552），日产自动车株式会社（473），浙江吉利汽车研究院有限公司（461），北汽福田汽车股份有限公司（444），通用汽车环球科技运作公司（414），比亚迪股份有限公司（410），现代自动车株式会社（404），奇瑞汽车股份有限公司（380）。

（2）B60L专利申请排名前10的申请人。丰田自动车株式会社（1803），本田技研工业株式会社（464），日产自动车株式会社（299），爱信艾达株式会社（233），奇瑞汽车股份有限公司（196），株式会社日立制作所（195），通用汽车环球科技运作公司（178），三菱电机株式会社（177），西门子公司（167），比亚迪股份有限公司（165）。

（3）H01M专利申请排名前10的申请人。松下电器产业株式会社（3186），三星SDI株式会社（3088），丰田自动车株式会社（2996），比亚迪股份有限公司（1826），三洋电机株式会社（1448），索尼株式会社（1095），株式会社LG化学（1039），清华大学（807），天津力神电池股份有限公司（772），日产自动车株式会社（729）。

（4）H02K专利申请排名前10的申请人。三菱电机株式会社（949），西门子公司（660），松下电器产业株式会社（629），罗伯特·博世有限公司（569），日本电产株式会社（544），乐金电子（天津）电器有限公司（527），哈尔滨工业大学（489），丰田自动车株式会社（476），LG电子株式会社（416），许晓华（416）。

（5）H02J专利申请排名前10的申请人。国家电网公司（4052），中国电力科学研究院（1230），清华大学（656），丰田自动车株式会社（655），上海市电力公司（588），松下电器产业株式会社（491），华北电力大学（463），昆山市圣光新能源科技有限公司（444），鸿海精密工业股份有限公司（393），江苏省电力公司（392）。

（6）H02P专利申请排名前10的申请人。三菱电机株式会社（571），松下电器产业株式会社（447），株式会社日立制作所（315），丰田自动车株式会社（272），南京航空航天大学（261），株式会社电装（220），台达电子工业股份有限公司（211），罗伯特·博世有限公司（197），发那科株式会社（194），株式会社安川电机（193）；

（7）B60W专利申请排名前10的申请人。丰田自动车株式会社（1640），通用汽车环球科技运作公司（512），通用汽车环球科技运作有限责任公司（353），福特全球技术公司（338），日产自动车株式会社（296），罗伯特·博世有限公司（292），本田技研工业株式会社（215），爱信艾达株式会社（214），现代自动车株式会社（212），奇瑞汽车股份有限公司（184）。

（8）F16H专利申请排名前10的申请人。丰田自动车株式会社（1406），通用汽车环球科技运作公司（1236）、本田技研工业株式会社（855）、通用汽车环球科技运作有限责任公司（599）、爱信艾达株式会社（572）、现代自动车株式会社（540）、ZF 腓德烈斯哈芬股份公司（452）、浙江吉利控股集团有限公司（403）、加特可株式会社（367）、浙江吉利汽车研究院有限公司（362）。

（9）B62D 专利申请排名前 10 的申请人。浙江吉利控股集团有限公司（869）、本田技研工业株式会社（846）、丰田自动车株式会社（839）、浙江吉利汽车研究院有限公司（722）、重庆长安汽车股份有限公司（641）、奇瑞汽车股份有限公司（637）、北汽福田汽车股份有限公司（506）、株式会社捷太格特（434）、安徽江淮汽车股份有限公司（414）、日产自动车株式会社（346）。

（10）G01R 专利申请排名前 10 的申请人。国家电网公司（6329）、中国电力科学研究院（1013）、西门子公司（931）、鸿海精密工业股份有限公司（767）、上海市电力公司（710）、皇家飞利浦电子股份有限公司（704）、鸿富锦精密工业（深圳）有限公司（680）、清华大学（572）、江苏省电力公司（571）、西安交通大学（441）。

根据上述统计，国内的企业及机构主要有：浙江吉利控股集团有限公司（B60K、F16H、B62D）、浙江吉利汽车研究院有限公司（B60K、F16H、B62D）、北汽福田汽车股份有限公司（B60K）、比亚迪股份有限公司（B60K、B60L、H01M）、奇瑞汽车股份有限公司（B60K、B60L、B60W、B62D）、清华大学（H01M、H02J、G01R）、重庆长安汽车股份有限公司（B62D）、安徽江淮汽车股份有限公司（B62D）。

国外的企业主要有：丰田自动车株式会社（B60K、B60L、H01M、H01M、H02K、H02J、H02P、B60W、F16H、B62D）、本田技研工业株式会社（B60K、B60L、B62D）、日产自动车株式会社（B60K、B60L、H01M、B60W、B62D）、通用汽车环球科技运作公司（B60K、B60L、B60W、B60W、F16H）、现代自动车株式会社（B60K、B60W、F16H）、株式会社日立制作所（B60L、H02P）、三菱电机株式会社（B60L、H02P）、爱信艾达株式会社（B60L、F16H）。

综上所述，我国国内企业关于电动汽车的专利布局虽然已经开始，但不论在申请量，还是在整体覆盖的范围而言，都与国外的企业有很大的差距，特别是日本和美国的企业，比如丰田，其专利的范围基本已经包含了电动汽车的所有技术领域，这些值得我们国内企业引起高度重视。

参 考 文 献

[1] 第一电动网. [EB/OL]. http://www.d1ev.com/42044.html.

[2] 周强. 电动汽车充电服务互联互通问题的探讨 [J]. 供用电, 2017, 34 (1): 19-23.

[3] 美国新能源汽车政策的特点 [EB/OL]. http://www.tradetree.cn/content/611/20.html.

[4] 孙龙林. 浅析能源政策下的美国汽车工业 [J]. 汽车工业研究, 2013 (10): 45-48.

[5] 朱一方, 方海峰. 美国电动汽车扶持政策研究及对我国的借鉴意义 [J]. 汽车工业研究, 2013 (8): 30-33.

[6] 中美电动汽车发展政策比较. [EB/OL]. http://wenku.baidu.com/view/3d6e1ac75fbfc77da269b184.html.

[7] 曾耀明, 史忠良. 中外新能源汽车产业政策对比分析 [J]. 企业经济, 2011 (2): 107-109.

[8] 世界各国新能源车补贴政策. [EB/OL]. http://www.indaa.com.cn/shiye/201410/t20141013_1575655.html.

[9] 世界各国扶持电动汽车政策一览. [EB/OL]. http://www.docin.com/p-888174447.html.

[10] 电动汽车如何一路畅通 各国出台扶持政策. [EB/OL]. http://auto.163.com/13/0619/08/91NI2CGC00084TV1.html.

[11] 法国电动汽车市场现状及政策观察. [EB/OL]. http://www.21ic.com/news/auto/201204/118119.htm.

[12] 解读《德国新能源汽车发展政策》. [EB/OL]. http://www.twwtn.com/Policy/63_150191_4.html.

[13] 英国: 多项政策推广电动汽车市场. [EB/OL]. http://jingji.cntv.cn/20111127/104095.shtml.

[14] 最接近现实 日系电动汽车发展现状解读. [EB/OL]. http://info.xcar.com.cn/201203/news_442125_4.html.

[15] 日本电动汽车产业的发展与启示. [EB/OL]. http://www.docin.com/p-240851665.html.

[16] 日本电动车发展以技术为战略核心. [EB/OL]. http://www.tool86.com/news/html/Inews/1617.html.

[17] 陈建华. 初探我国电动汽车标准的现状和发展 [J]. 产业透视, 2012, 11 (12).

[18] 王沛. 抢占新能源汽车标准先机 [J]. 进出口经理人, 2014 (5): 40-41.

[19] 国研网行业研究部. 我国电动汽车标准现状及相关建议. [EB/OL]. [2010-05-27].

http://www.drcnet.com.cn/DRCNet.common.web/DocView.aspx? docId＝2240722.

[20] 中国汽车技术研究中心标准化研究所. 新能源汽车标准制定工作进展情况 ［J］. 汽车与配件，2011（22）：38 - 39.

[21] 赵韩，姜建满. 国内外电动汽车标准现状与发展 ［J］. 合肥工业大学学报（自然科学版）. 2011，34（7）：961 - 966.

[22] 聂彦鑫，张浩，占锐. 美、日、中国新能源汽车的标准 ［J］. 汽车与配件，2010（4）：29 - 33.

[23] 胡芳芳，李伟，胡可钊. 我国与欧美日的汽车标准法规体系分析 ［J］. 客车技术与研究，2009（3）：41 - 44.

[24] Brown S, Pyke D, Steenhof P. Electric vehicles, the role and importance of standards in an emerging market ［J］. Energy Policy, 2010, 38：3797 - 3806.

[25] IEC 61851 - 1：2010. Electric Vehicle Conductive Charging System, Part 1：General Requirements ［S］. Switzerland：International Electrotechnical Commission, 2010.

[26] IEC 62196 - 1：2011. Plugs, Socket - outlets, Vehicle Couplers and Vehicle Inlets-Conductive Charging of Electric Vehicles, Part 1：General Requirements ［S］. Switzerland：International Electrotechnical Commission, 2011.

[27] IEC 62196-2：2011. Plugs, Socket-outlets, Vehicle Couplers and Vehicle Inlets-Conductive Charging of Electric Vehicles, Part 2：Dimensional Interchangeability Requirements for Pin and Contact-tube Accessories ［S］. Switzerland：International Electrotechnical Commission, 2011.

[28] IEC 62196-3（WD）. Plugs, Socket－outlets, Vehicle Couplers and Vehicle Inlets-Conductive Charging of Electric Vehicles, Part 3：Dimensional Interchangeability Requirements for D. C. Pin and Contact-tube Vehicle Couplers ［S］.

[29] IEC 61851-24：2014 Electric vehicle conductive charging system Part 24：Digital communication between a d. c. EV charging station and an electric vehicle for control of d. c. charging ［S］.

[30] IEC 62196-1：2014 Plugs, socket－outlets, vehicleconnectors and vehicle inlets-Conductive charging of electric vehicles Part 1：General requirements ［S］.

[31] GB/T 18487.1 电动汽车传导充电系统　第 1 部分：通用要求 ［S］.

[32] ISO 15118-3：2015 Road Vehicles—Vehicle to grid communication interface Part 3：Physical layer and Data Link layer requirements ［S］.

[33] GB/T 20234—2011. 电动汽车传导充电用插头、插座、车辆耦合器和车辆插孔通用要求 ［S］. 北京：中国标准出版社，2006.

[34] 甄子健，孟祥峰。国内外电动汽车交流充电接口技术与标准对比分析研究 ［J］. 汽车工程学报，2013（1）：1 - 7.

［35］2014 年度盘点之最全的新能源汽车中央政策汇总. ［EB/OL］. http://www. tyncar. co m/zhengce/2014123114543. html.

［36］电动汽车政策规划下载. ［EB/OL］. http://www. evhui. com/Policy.

［37］新能源汽车 2016~2020 年补助政策意见：逐年下降 10％. ［EB/OL］. http://finance. sina. com. cn/chanjing/cyxw/20141230/093021195516. shtml.

［38］谢旭轩，刘坚. 我国电动汽车发展面临障碍及政策建议 ［J］. 可再生能源，2014（8）： 15 - 21.

［39］汽车节能补贴政策或重启 传统技术未来节能将升级. ［EB/OL］. http://www. car0575. com/news/hangqing/20140912/123506. html.

［40］2014 年新能源汽车支持政策取得重大进步. ［EB/OL］. http://www. chinairn. com/ne ws/20140902/175158987. shtml.

［41］政策双管齐下："抛砖"传统汽车"引玉"新能源. ［EB/OL］. http://news. 10jqka. com. cn/field/20130419/534126836. shtml.

［42］我国电动汽车标准现状与发展研究. ［EB/OL］. http://www. autoweekly. com. cn/ show. as p? ArticleID＝35622&ArticlePage＝3.

［43］杜纪栋. 十城千辆，加速电动车产业化 ［J］. 北京：中国科技财富，2010（19）：12 - 13.

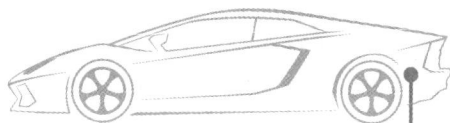

第四章

电动汽车动力电池

动力电池是电动汽车发展的关键因素之一。作为电动汽车的核心零部件，动力电池近几年在产业化方面发展迅速，有力地支撑了电动汽车产业的发展。为满足汽车产业及普通消费者对长续驶里程电动汽车的迫切需求，新型电池及相关材料技术得到了高度关注，动力电池将随着电动汽车的快速发展，迎来快速增长的黄金期。

第一节　典型动力电池参数与分类

一、典型动力电池的基本参数

（1）电池容量。

电池容量由放电电压×放电电流×放电时间决定，单位为安时（Ah）。

（2）充（放）电率。

充（放）电率是将全部容量的电荷放完所需要的时间，作为充（放）电时的标准速度，一般用来说明放（充）电的速度是多少。比如说 2 小时率的放电，是指用 0.5（C 为电池额定容量）的电流，在 2h 的时间将电池全部容量放完；20 分钟率表示用 3C 的电流在 20min 内将电池额定电量全部放完。在厂商的电池规格书上面，也常使用小时率来表示标准放电时间，可根据额定容量换算得出标准放电电流。通常厂商提供的规格上额定容量是以温度 20℃、0.2C 放电的条件来量测。

（3）标称电压。

电池刚出厂时，正负极之间的电势差称为电池的标称电压。

（4）内阻。

是指电流通过电池内部所受到的阻力。充电电池的内阻很小，一般要用专门的仪器测试。充电态内阻和放电态内阻有差异，放电态内阻稍大，而且不太稳定。内阻越大，消耗的能量越大，充电发热越大。随着电池使用次数的增多，内阻会增大，质量越差，内阻增大越快。

（5）充电终止电压。

蓄电池充足电时，极板上的活性物质已达到饱和状态，再继续充电，蓄电池的电压也不会上升，此时的电压称为充电终止电压。

（6）放电终止电压。

是指蓄电池放电时允许的最低电压。

（7）循环寿命。

电池可重复充放电的次数。寿命与容量成反比，与充放电条件密切相关，一般充电电流越大，寿命越短。

（8）荷电保持能力。

指自放电率，与电池材料、生产工艺和储存条件有关，温度越高，自放电率越高。

（9）蓄电池的能量密度。

指动力电池组单位质量或单位体积的蓄电池所能输出的能量。通常质量能量密度定义为蓄电池的比能量（Wh/kg），体积能量密度定义为蓄电池的能量密度（Wh/L）。其中比能量显得更为重要，它影响到电动车的整车质量及续驶里程，是评价电动车的蓄电池是否满足预定的续驶里程的重要指标。而体积能量密度只影响到电池的布置空间。

（10）蓄电池的功率密度。

指单位质量或单位体积的蓄电池所具有的输出能量的速度，它也可分为比功率（W/kg）和功率密度（W/L）。对电动车而言，重点考虑比功率参数。它是评价蓄电池能否满足电动汽车加速和爬坡能力的重要指标。

（11）能量效率。

表示为放电时输出的能量与充电时输入的能量比。电池作为能量储能器，充电时把电能转变成化学能储存起来，放电时把电能释放出来。在这个可逆的电化学转换过程中，有一定的能量损耗。通常用电池的能量效率来表示电池的充放电效率。

二、典型动力电池的分类

1. 铅酸电池

1859 年，普朗特发明铅酸蓄电池，以氧化铅为正极板，以海绵铅为负极板，硫酸水溶液作为电解液。充放电过程依靠极板上活性物质和电解液发生化学反应来实现。在过去50年中，铅酸蓄电池被广泛应用，主要作为内燃机汽车内部各种电器和电子设备的电源。技术成熟，可大批量生产，成本低，价格便宜。尽管新电池技术不断产生，但铅酸蓄电池至今仍作为动力源应用于旅游观光车，电动叉车或者一些短距离行驶的公交车上。

由于铅酸蓄电池比能量和比功率量低，车用将使电动汽车的重量以及续航里程受到极大限制。此外，充放电方式也会严重影响使用寿命，长期过充电会产生气体，导致极板的活性物质脱落，放电深度不宜超过额定容量的20%，反复过度放电会使寿命急剧缩短。在典型的HEV应用中，电动汽车的电池将运行于一个高倍率部分充电状态，铅酸电池的使用寿命将受到严重影响。因为如果铅酸电池没有定期地充满电就会有硫酸盐晶体析出，硫酸盐晶体会使电池的孔隙度降低，限制活性物质的进入进而限制电池的容量。

作为电动汽车车用电池，铅酸电池未来的研究重点是解决比能量低，以及高倍率部分荷电状态时寿命严重缩短等问题。

2. 镍氢电池

镍氢电池是20世纪90年代发展起来的，具有高能量、长寿命、无污染等特点。镍氢电池由氢氧化镍的阳极和由钒、锰、镍等金属形成的多成分合金阴极组成，相对铅酸电池，镍氢电池的能量体积密度提高了3倍，比功率提高了10倍，具有更高的运行电压、比能量和比功率，较好的过度充放电耐受性和热性能。在锂离子电池受到重视之前，镍氢电池被认为是当前电动汽车电池的最好选择，且在电动汽车领域有一定的运用，如日本丰田的第一代混合动力汽车普锐斯和凯美瑞等车型均以镍氢电池作为动力源。

镍氢电池广泛应用受限的原因是：在低温时容量减小，在高温时充电耐受性低；其比能量、比功率等性能劣于锂离子电池。此外，价格也是制约镍氢电池发展的主要因素，原材料如金属镍非常昂贵。若要较长久地保持镍氢电池在电动汽车应用方面的竞争力，必须设计更加节省金属材料的方式或者寻求替代物质；或通过研究金属氢化物电极表面催化剂的活性问题，来进一步提高镍氢电池的高速充放电功率和电容量。

3. 磷酸铁锂电池

锂离子电池的传统结构包括石墨阳极、锂离子金属氧化物构成的阴极和电解液（有机溶剂溶解的锂盐溶液）。最常见的锂离子电池以碳为阳极，以碳酸乙烯酯和碳酸二甲酯溶解六氟磷酸锂溶液为电解液，以二氧化锰酸锂为阴极；轻巧结实，比能量大，单体电压约为 3.7 V。相较镍氢电池，锂离子电池具有相对较高的工作电压和较大的比能量，是镍氢电池的 3 倍。锂离子电池体积小，质量轻，循环寿命长，自放电率低，无记忆效应且无污染。锂离子电池可分为锂离子电池和锂聚合物电池 2 种。锂离子电池的阴极材料主要有锂钴氧化物、锂镍氧化物、锂锰氧化物、磷酸铁锂等，阳极材料主要有石墨、钛酸锂等。锂离子电池分类见表 4-1。

表 4-1　　　　　　　　　　　　　　锂离子电池分类

电池正极材料	钴酸锂	锰酸锂	磷酸铁锂
标称电压（V）	3.7	3.8	3.2
充放电压范围（V）	2.8～4.2	3.0～4.2	2.0～3.8
正极比容量（mAh/g）	145	100	125
体积比能量（Wh/L）	380～430	210～250	140～160
安全性	较差	好	优秀
晶型结构	层状	尖晶石	橄榄石
原材料来源	稀有贵重金属	来源广泛	来源广泛
材料降价空间	不大	不大	很大
充电循环次数	300～500	100～800	≥2000

　　在电动汽车中，应用较多的锂离子电池是磷酸铁锂电池，它具有磷氧共价键结构，使氧原子不会被释放出来，因而热稳定性和安全性较好，同时价格相对便宜。这些因素使磷酸铁锂电池成为小型电动汽车和 PHEV 动力电池首选。然而，在锂离子电池中，磷酸锂电池的比能量、比功率以及运行电压相对较低，在大型纯电动车应用方面，钴酸锂和锰酸锂电池等更具优势。

　　（1）磷酸铁锂电池优点。

　　磷酸铁锂电池适合在动力系统领域中使用，比如电动汽车、军事航天、电动工具以及 UPS。与其他正极材料的锂离子电池相比，磷酸铁锂电池具有安全性高、使用寿命长、不含任何重金属和稀有金属（原材料成本低）、支持快速充电、工作温度范围广等优点。

　　1）安全性高。磷酸铁锂解决了钴酸锂和锰酸锂的安全隐患问题，在磷酸根化学键的结合力比传统的过度金属氧化物结构化学键强，结构更加稳定，不易释放氧气。

　　2）使用寿命长。目前市面上多数移动电源内部所使用的锂离子电芯，循环使用寿命基本在 500～800 次左右，而磷酸铁锂电池则有着至少 2000 次以上的使用寿命，并且其容量还能维持在 80％以上。

3）不含任何重金属和稀有金属。磷酸铁锂电池正极材料中不含贵重金属和稀有金属，所以更加环保，能够有效减少环境的污染。广泛的材料来源也让其材料成本更低，具有价格优势。

4）支持快速充电。磷酸铁锂支持快充的特性让其可支持至少 2C 的充电速度，能够大幅度缩短充电时间。

5）工作温度范围广。与其他锂电池相比，磷酸铁锂电池有着更大的工作温度范围，在－20～＋75℃下均可正常工作，一些具有耐高温特性的磷酸铁锂电池还可以在 350～500℃ 范围内正常工作。与钴酸锂和锰酸锂电池相比，磷酸铁锂最为明显的优势就是极高的安全系数、支持快速充电和更宽广的工作温度范围。

（2）磷酸铁锂电池缺点。

目前存在的不足主要为振实密度低、存在一致性问题和较高的制作成本三方面。

1）振实密度低。振实密度的大小决定了在相同容量下电池的体积大小，较低的振实密度是目前磷酸铁锂电池亟需解决的一个缺点，相比钴酸锂和锰酸锂来说，相同容量的磷酸铁锂电池体积则要更大。在移动电源领域，相同 6000mAh 的不同电池在尺寸上的差距并不明显，属于用户可接受范围之内。

2）一致性问题。虽然磷酸铁锂电池相比钴酸锂和锰酸锂电池来说，在寿命上有着领先优势。不过在电池组模式下时，其寿命会大幅降低。因为电池组是由大量单体电池通过串并联的方式连接到一起的，如果整个电池组中有一个电池出现故障，那么更换则非常麻烦。

3）较高的制作成本。由于磷酸铁锂正极中的材料物理性能和其他锂电池材料相差较大、粒度小、振实密度小等因素的影响，所以在制作工艺上的要求较高，加上其标称电压为 3.2V，低于普通 3.7V 的锂电池电压，所以在制造整个电池组成本和相关制造设备和工艺上的要求要高于其他锂电池。

由表 4-1 可见，磷酸铁锂、钴酸锂、锰酸锂三种使用不同正极材料的电池，虽然统称为锂离子电池，但其功能特性存在较大差别。

4. 石墨烯的应用

2004 年，曼彻斯特大学安德烈·海姆博士和康斯坦丁·诺沃肖洛夫博士两人共同发现石墨烯，它是目前发现的最薄、最坚硬、导电导热性能最强的一种新型纳米材料。

西班牙 Graphenano 公司同西班牙科尔瓦多大学合作研究出了首例石墨烯聚合材料电池，这项新技术是将石墨烯做成聚合物，优势在于它的能量密度、持续时间、充电速度、重量和价格，具有卓越的性能。一个锂电池（以最先进的为准）的比能量数值为 180Wh/kg，而一个石墨烯电池的比能量则超过 600Wh/kg。石墨烯的特性也使得电池的重量可以减少为传统电池的一半，这样可以提高装载该电池的机器的效率。成本低是石墨烯的另一个优势。

美国俄亥俄州 Nanotek 仪器公司的研究人员则利用锂离子可在石墨烯表面和电极之间快速大量穿梭运动的特性，开发出一种新型储能设备，可以将充电时间从过去的数小时之久缩短到不到一分钟。新储能设备称为石墨烯表面锂离子交换电池，或简称为表面介导电池（SMCS），它集中了锂电池和超级电容的优点，同时兼具高功率密度和高能量储存密度的特性。

中国石墨烯产业技术战略联盟在 2013 年向国家各部委上报了多个石墨烯研发示范基地，无锡、重庆、南京、青岛、常州等纷纷建立石墨烯产业示范基地。目前研究单位较多，预计技术将会有较大突破。

5. 新型锂硫电池

2015 年 4 月韩国南洋大学对外宣布成功研发一种新型的锂硫电池，该电池与目前已经商业化应用的锂离子电池相比，两者具有相同的充放电循环工作性能，同时其能量密度可以达到锂离子电池的两倍多。研发人员采用了一个高度可逆的双模态硫阴极（双模态硫阳极是指固态硫电极与硫化电解质）和一个锂化得到的硅/硅氧化物纳米阳极。

该锂硫电池研发团队将研究成果发表在了美国化学会的纳米快报（Nano Letters）杂志上，详细介绍了该锂硫电池所具有一系列性能，其中就包括相当高的能量密度、优秀的充放电效率、优异的充放电循环寿命，同时在电池充放电次数达到 500 次电容量达到原来的 85% 时仍可以实现 750～1000mAh/g 的能量密度。正是由于该全新锂硫电池采用了全新的阳极设计以及阴极优化结构才使得该电池实现以上的先进性能。

由于锂硫电池采用的硫成本低且含量丰富，同时锂硫电池理论能力密度可以达到 1675mAh/g（约合 2500Wh/kg），因此锂硫电池将很有可能成为下一代电池应用技术。但锂硫电池的应用仍面临着困难与挑战，包括锂硫电池活性材料利用率偏低的问题、工作时可溶性锂硫化物还可能会降低硫电极的稳定性等。

6. 超级电容电池

超级电容器（Supercapacitors/ultracapacitor），又名电化学电容器（Electrochemical Capacitors），双电层电容器（Electrical Double-Layer Capacitor）、黄金电容、法拉电容，是从 20 世纪七、八十年代发展起来的通过极化电解质来储能的一种电化学元件。它不同于传统的化学电源，是一种介于传统电容器与电池之间、具有特殊性能的电源，主要依靠双电层和氧化还原假电容电荷储存电能。但在其储能的过程并不发生化学反应，这种储能过程是可逆的，也正因为此超级电容器可以反复充放电数十万次。基本原理和其他种类的双电层电容器一样，都是利用活性炭多孔电极和电解质组成的双电层结构获得超大的容量。突出优点是功率密度高、充放电时间短、循环寿命长、工作温度范围宽，是世界上已投入量产的双电层电容器中容量最大的一种。

（1）工作原理。

传统物理电容中储存的电能来源于电荷在两块极板上的分离，若想获得较大的电容量，储存更多的能量，必须增大面积 A 或减少介质厚度 d，但这个伸缩空间有限。

超级电容采用活性炭材料制作成多孔电极，同时在相对的碳多孔电极之间充填电解质溶液，当在两端施加电压时，相对的多孔电极上分别聚集正负电子，而电解质溶液中的正负离子将由于电场作用分别聚集到与正负极板相对的界面上，从而形成两个集电层，相当于两个电容器串联，由于活性炭材料具有 $\geqslant 1200\text{m}^2/\text{g}$ 的超高比表面积（即获得了极大的电极面积 A），而且电解液与多孔电极间的界面距离不到 1nm（即获得了极小的介质厚度 d），因此，双电层电容器比传统的物理电容的容值要大很多，比容量可以提高 100 倍以上，从而使单位重量的电容量可达 100F/g，并且电容的内阻还能保持在很低的水平。

（2）性能特性。

1）充电速度快，充电 10s～10min 可达到其额定容量的 95％以上；

2）循环使用寿命长，深度充放电循环使用次数可达 1 万～50 万次，没有"记忆效应"；

3）大电流放电能力超强，能量转换效率高，过程损失小，大电流能量循环效率 $\geqslant 90\%$；

4）功率密度高，可达 300～5000W/kg，相当于电池的 5～10 倍；

5）产品原材料构成、生产、使用、储存以及拆解过程均没有污染，是理想的绿色环保电源；

6）充放电线路简单，无须充电电池那样的充电电路，安全系数高，长期使用免维护；

7）超低温特性好，温度范围宽－40～＋70℃；

8）检测方便，剩余电量可直接读出；

9）容量范围通常 0.1F～1000F。

（3）超级电容在汽车中的应用前景

在汽车工业中，智能启停控制系统（**轻型混合动力系统**）的应用为超级电容器提供了广阔的舞台，在插电式混合动力汽车上的表现尤为突出。由于电动汽车频繁启动和停车，使得蓄电池的放电过程变化很大。在正常行驶时，电动汽车从蓄电池中汲取的平均功率相当低，而加速和爬坡时的峰值又相当高。在现有的电动汽车电池技术条件下，蓄电池必须在比能量和比功率以及比功率和循环寿命之间做出平衡，而难以在一套能源系统上同时追求高比能量、高比功率和长寿命。为了解决电动汽车续驶里程与加速爬坡性能之间的矛盾，可以考虑采用两套能源系统，其中由主能源提高最佳的续驶里程，而由辅助能源在加速和爬坡时提供短时的辅助动力。辅助能源系统的能量可以直接取自主能源，也可以在电动汽车刹车或下坡时回收可再生的动能，选用超级电容做辅助能。

短期内，超级电容极低的比能量使其不可能被单独用做电动汽车能源系统，但用作辅助能量源具有明显优点。在电动汽车上使用的最佳组合为电池—超级电容混合能量系统，对电池的比能量和比功率要求分开。超级电容具有负载均衡作用，电池的放电电流减少使电池的可利用能量、使用寿命得到显著提高；与电池相比，超级电容可以迅速高效地吸收电动汽车制动产生的再生动能。超级电容的早和均衡和能量回收作用使车辆的续驶里程得到极大的提高。但系统要对电池、超级电容、电动机和功率逆变器等作综合控制和优化匹配，功率变换器及其控制器的设计应用充分考虑电动机和超级电容之间的匹配。

三、典型车用动力电池的比较

新能源汽车动力电池可以分为蓄电池和燃料电池两大类，蓄电池用于纯电动汽车（EV），混合动力电动汽车（HEV）及插电式混合动力电动汽车（PHEV）；燃料电池专用于燃料电池汽车（FCV）[1]。

（1）蓄电池。蓄电池在纯电动汽车中是驱动系统唯一的动力源，主要有镍镉、镍氢和锂离子电池等。目前，锂离子电池处于高速发展阶段，在诸如日产 Leaf、丰田普锐斯 plug-in、特斯拉 Model S、通用 Volt、福特 Focus EV 以及宝马 i3 等新能源汽车上都采用锂离子电池。**此外，锂资源较为丰富，价格也不贵**，可以说锂离子电池是蓄电池中目前最被市场看好的动力电池。目前常见的蓄电池主要有铅酸电池、镍氢电池和锂离子电池。对比它们的性能特征结果见表4-2。

表 4-2 　　　　　　　　　　　不同类型动力电池的性能

电池类型	铅酸电池	镍氢电池	锂离子电池
工作电压（V）	2	1.2	3.7
质量比能量（Wh/kg）	30～50	60～80	100～200
体积比能量（Wh/L）	60～90	150～200	250～500
质量比功率（W/kg）	200～500	500～1000	1000～1200
循环寿命（次）	300～500	500～1000	500～2000
每月自放电率（%）	4～5	30～35	＜5
工作温度（摄氏度）	0～45	−10～45	−2～60
耐过充电特性	高	低	很低
有害物质	铅	—	—
成本	低	较高	很高

根据表4-2信息，各类电池的性能可用图4-1直观表示。通过比较可以发现，目前这几种电池技术仍然没有一种能够占据每个方面性能的优势地位。这是目前在电动汽车应用领域出现这些不同种类电池共存情况的原因。

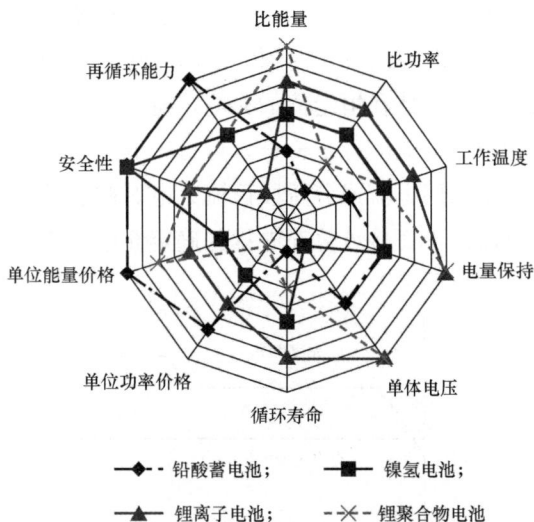

图 4-1　各类电动汽车动力电池性能比较

（2）燃料电池。

燃料电池是燃料与氧化剂通过电极反应将其化学能直接转化为电能的装置。燃料电池不需要充电，具有比能量高、使用寿命长、维护工作量少以及能连续大功率供电等优点。另外，燃料电池汽车可达到与燃油汽车相同的续驶里程。

根据电解质的不同，燃料电池可分为碱性燃料电池、磷酸燃料电池、质子交换膜燃料电池、熔融碳酸盐燃料电池和固体氧化物燃料电池五类。质子交换膜燃料电池在燃料电池汽车中的应用较多，是未来新能源汽车动力电池领域极具竞争力的电池类型。

第二节　电池充电方式及充电系统

一、电池充电方式

电池充电常采用三段充电法，即预处理、恒流充电、恒压充电。开始以设定的恒流充电，电池电压以较高的斜率增长，在充电过程中斜率逐步降低，充到接近充电终止电压时，恒流充电阶段结束，恒流充电曲线见图 4-2；接着以充电终止电压恒压充电，在恒压阶段充电时，电压几乎不变（或稍有增加），充电电流不断下降；当充电电流下降到 0.1C 时，表示电池已充满，终止充电。有的充电器在充电电流降到某一值时，启动定时器，定时结束后，充电完成。

（1）恒流充电。电流维持在恒定值的充电，是一种广泛采用的充电方法。蓄电池的初充电，运行中蓄电池的容量检查，运行中的牵引蓄电池的充电以及蓄电池极板的化成充电，多采用恒流或分阶段恒流充电。此法的优点是可以根据蓄电池的容量确定充电电流值，直接计算充电量并确定充电完成的时间。

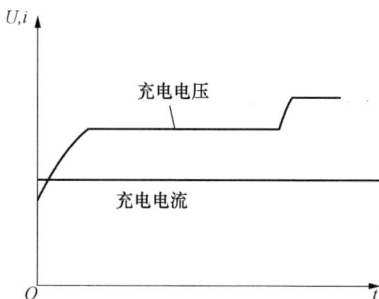

图 4-2　恒流充电曲线

（2）恒压充电。恒压充电曲线见图4-3。蓄电池两极间的电压维持在恒定值的充电。是一种广泛采用的充电方法。电信装置、不间断电源（UPS）等的蓄电池的浮充电和涓流充电都是恒压充电。启动用蓄电池在车辆运行时也处于近似的恒压充电的情况。其优点是随着蓄电池的荷电状态的变化，自动调整充电电流，如果规定的电压恒定值适宜，就既能保证蓄电池的完全充电，又能尽量减少析气和失水。

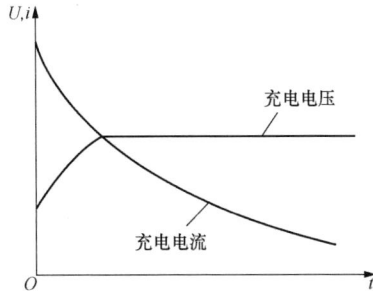

图4-3　恒压充电曲线

二、电池充电系统

1. 电池充电原理

（1）充电特性。充电特性是指在供电电流不变的情况下，二次场电位差（ΔU_2）随充电时间（T）的变化关系。当供电电流恒定时，随供电时间的增加，二次场电位差（ΔU_2）开始增加较快，以后逐渐减慢，经过一定时间后 ΔU_2 达到饱和值。对电子导电矿物来说，ΔU_2 达到饱和时间一般需要 2～5min 或更长些。这种现象的解释是：在充电过程中，由于电化学作用产生的电偶层逐渐形成，同时也在通过围岩放电而逐渐消失。开始充电时，消失速度小于电偶层的形成速度，所以 ΔU_2 增加较快。随着充电时间的增长，消失速度逐渐等于电偶层的形成速度，处于动态平衡，ΔU_2 趋于饱和值。不同矿区，ΔU_2 达到饱和值的时间是不完全相同的。

目前常用的电池为锂离子动力电池，与普通铅酸电池的特性完全不同。动力锂电池在实际应用中均为成组串联使用，由于锂电池的过充电能力较弱，不能像铅酸电池一样通过充电后期的涓流充电实现均衡，所以即便在电池出厂时进行了严格的筛选，使用一段时间后，单体电池之间的容量依然会出现差异。这样在充电过程中，势必出现部分电池先充满电的现象发生，传统的基于电池组端电压的充电方法不能及时有效的得知电池组中是否有个别电池已经充满电，使得先充满电的电池出现过充电。过充电会导致锂电池的循环寿命和容量大大降低。情况严重时，电池的温度迅速上升，继续充电会导致电池的隔膜热闭合、隔膜溶解、电池的正负极短路大量发热。

（2）充电方法。

1）快速充电方式。将快速充电机安装于充电站、加油站和高速公路服务区内，供电动汽车快速充电使用。电动汽车快速充电时间一般小于 30min，充电后行驶里程大于车辆续驶里程的 70%。该种方式的优势是充电效率高、时间短，缺点是经常性大电流快速充电对电池使用寿命有一定影响。该种能源供给方式主要适应于城市公共交通和个人乘用电动汽车的应急充电，作为电池更换模式与家庭慢速充电模式的补充。

快速充电多为直流充电，充电效率（不同于充电能效，而是指电动汽车在单位时间内充取的电能量）高，长不到 1h，短则 10min 便可补足大部分电量，便于充电站对社会车辆充电需求的统一高效管理，但对动力电池的寿命损耗太大，其主要适合公交、出租、商务等对日常运营要求较高车辆的充电。

2）慢速充电方式。采用慢速充电方式，充电机内置于电动汽车，在停车位安装一个插座给车充电。该种方式的优点是：方便、简单，基本不增加投资；由于使用小电流长时间充电，有利于延长电池寿命；便于利用用电低谷充电，可降低充电成本。缺点是充电时间较长，一般为 6h 以上。该种能源供给方式主要适应于家庭用车。

普通充电多为交流充电，可以使用 220V 或 380V 电压。普通充电一般为慢速充电，其续电时间较长，常以小时计，不利于车主的临时用电需求，但方便车主自由安排充电时间，适于私家车在自家低峰负荷时段取电，也可用于企事业用车、私人小轿车、园区专用车等车辆在社区地下车库或停车专用小区充电。

3）电池更换方式。电池用完电后，只需到电池更换站更换电池，由电池更换站对电池进行统一维修和保养。该种方式的优点是：降低电动汽车的一次性购买成本，便于普及；电池维护专业化，延长使用寿命；可充分利用低谷电价优势，降低充电成本；电池更换时间短，大大节省用户换电时间。主要缺点是充电站设备较复杂，投资也较大。

（3）电池充电过程模拟。

电动汽车动力电池的充电模型与电池的充电过程紧密相关，不同充电过程所得出的动力电池充电模型将有所不同。60 年代以前，电池充电技术没有得到长足发展，普遍采用恒流或恒压充电方法，这些方法往往导致电池寿命下降。直到20 世纪 60 年代中期，美国科学家马斯对开口蓄电池的充电过程做了大量试验研究，并提出以最低出气率为前提的蓄电池可接受的充电曲线。实验表明：如果充电电流按该曲线变化，可大大缩短充电时间，且对电池的容量和寿命也没有影响。超过该充电曲线的任何充电电流，不仅不能提高充电速率，而且会增加析气量，小于此曲线的充电电流，便是蓄电池的存储充电电流，此时只产生微量析气，而不会对电池造成伤害。蓄电池的充电可接受电流曲线可以用式（4-1）表示：

$$I = I_0 e^{-\alpha} I = I_0 e^{-at} \tag{4-1}$$

式中　　I ——电池可接受的充电电流；

　　　　I_0 ——$t=0$ 时的最大充电电流；

　　　　α ——电池充电电流的接受比，$\alpha = I_0/C$，C 为电池的额定容量；

　　　　t ——充电时间。

电池的最佳充电曲线见图 4-4，可以发现：恒流充电时其起始充电电流总是低于电池的可接受能力，造成充电效率低，充电时间长；而在充电后期，最终的充电电流又总是高于电池可接受的程度，因而电池内部气体析出率不断增加，到充电结束时，所有充电电流全部供给气体析出，电池内部电压迅速增加，电池温度也随之迅速上升，造成每次充电电极上都有活性物质脱落，从而大大降低电池寿命。而恒压充电则导致在充电初期，电池电压与充电电压相差太大致使充电电流过大，对电池造成损害，而在后续的充电过程中，电流并不随着时间按指数规律下降，导致偏离最佳充电曲线。

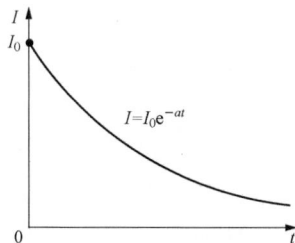

图 4-4　电池的最佳充电曲线

根据最佳充电曲线理论，人们提出了所谓的两段式、三段式或更多段式充电方法。目前比较流行的三段式充电方法是一种控制相对简单，同时充电曲线相对逼近最佳充电曲线的一种方法。

三段式充电方法分别为预处理阶段、恒流充电阶段、恒压充电阶段。如果开始充电时电池电量很少，电压很低，那么开始必须用小电流充电直至电池电压上升到一定程度，即预处理阶段；如果开始充电时电池电压不低则不必经过此过程。预处理阶段是为了保护电池，避免大电流冲击给电池内部结构带来损害（电池在电压很低的时候遇到大电流会受到的伤害比电压高的时候高得多）。

若预处理阶段完成或初始电池电压足够，则可进入恒流充电阶段。恒流充电阶段采用允许的最大电流充电，在不影响电池寿命的前提下尽量节省充电时间。电池的电压以较高的斜率增长，在充电过程中斜率逐步降低，当电压到达设定值时，恒流充电阶段结束，进入恒压充电阶段。

在恒压充电阶段，电压几乎不变（实际电压会稍有增加，原因是在恒压充电阶段，充电电流不断减小，充电机的输出与接入电池之间的导线电压降也在减小，这部分压降就相应地增加在了电池端，使得实际的电池端充电电压稍有增加），充电电流不断下降，当减少到一定值 0.05C）时提示充满，充电过程结束。如果不转入恒压充电过程，则有可能因为充电电流过高而造成电池的过充电导致电池损坏。

采用三段式充电法进行充电的磷酸铁锂电池功率变化曲线见图 4-5。电池容量为 100Ah，单体电压 3.2V 左右。采用 0.3C 的电流给电池进行充电。由图 4-5 可知，在整个充电过程中，近 90％的时间是在进行恒流充电，在恒流充电过程中充电功率变化不大，仅在恒流充电过程末期有较显著的提高。充电功率曲线与坐标轴近似围成一个矩形。因此，可把电动汽车电池看作一个恒功率负载，目前大部分文献基于该条件，认为恒流充电时充电功率不变，忽略恒压充电过程。

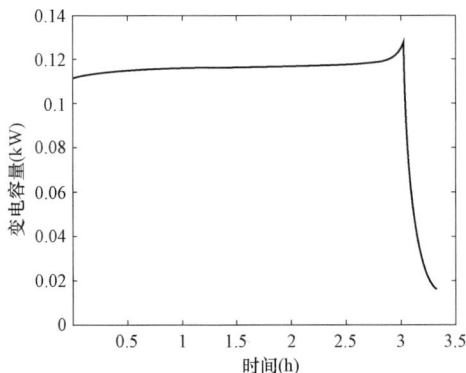

图 4-5　单块 100Ah 磷酸铁锂电池充电功率变化曲线

2. 充电机

（1）充电机分类。

根据充电机整流设备工作原理的不同，目前充电机可分为相控式和高频开关式两大类：相控式充电机采用大功率晶闸管作为开关器件，其交流输入电压经工频隔离变压器降压/升压后，利用晶闸管进行整流，然后经过输出滤波电路得到稳定的直流电压/直流电流。高频开关式充电机采用功率晶体管、MOS 管、IG-BT 等器件作为高频开关器件，其交流输入电压经过整流滤波后得到脉动的直流电压，该电压经高频逆变、高频隔离变压器、整流滤波后得到稳定的直流电压/电流。表 4-3 给出了两种充电机的主要特点对比。

表 4-3 两种充电机的主要特点对比

类别	输入功率因数	谐波污染	效率	稳压、稳流、纹波系数	动态响应速度	可靠性	单机容量
相控	低（0.8 左右）	高	低（80%左右）	差（1%左右）	慢	高	大
高频开关	高（0.9 以上）	低	高（90%以上）	好（<0.5%）	快	较高	较大

（2）充电机组成。

充电机主要由充电机控制器、整流设备、直流充电桩、计量计费设备等组成，如图 4-6 所示。

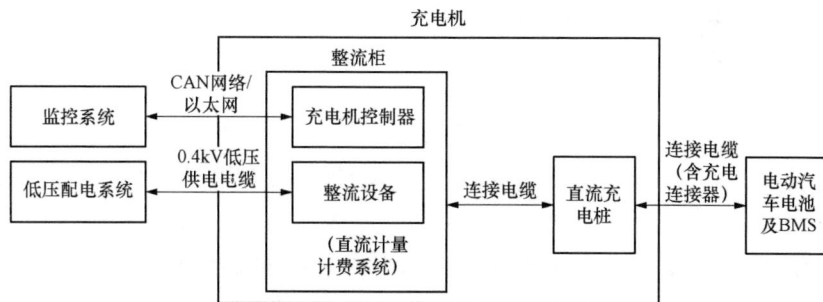

图 4-6 充电机系统组成

3. 电池管理系统

电池管理系统（BMS，battery management system）监视蓄电池的状态（温度、电压、荷电状态），对蓄电池系统充电、放电过程进行有效管理，保证电池安全运行的电子装置。一般由传感器（用于测量电压、电流和温度等）、控制单元和输入输出接口组成。

BMS通过实时监控电池的电压、电流和温度等参数，在充电过程中，BMS依据电池的当前状态和电池的使用方法，得到电池的最大允许充电电流；而充电机依据BMS提供的最大允许充电电流，进行电流的调节，实现不同的充电方式，避免出现过充电、过热和单体电池之间电压严重不平衡现象，最大限度地提高电池存储能力和延长循环寿命。在放电过程中，BMS通过实时检测温度、估算动力电池的剩余电池容量（SOC）及时发出告警，避免出现过放电、过热等情况。

由于动力电池的充放电特性在很大程度上取决于电池电解液的温度，所以BMS的另外一个重要作用是在电池的充放电过程中将电池组的温度保持在正常的工作温度变化范围内。BMS的功能包括外部参数（电压、电流、温度）检测、状态估算（SOC估算）、一致性评价及数据分析、报警功能、对外通信功能等。

第三节　车用动力电池总体发展情况

动力电池作为电动汽车的核心关键零部件，其技术水平及产业发展对电动汽车的规模化应用意义重大。世界主要发达国家均制定了国家层面的动力电池研究发展规划，提出了动力电池技术的研发方向和相关指标，大力支持动力电池技术和产业发展[2][3]。

一、国内外车用动力电池发展规划

1. 美国车用动力电池国家规划

"电动汽车无处不在大挑战"（EV everywhere grand challenge）是美国能源部（Department of Energy）清洁能源大挑战计划的系列计划之一，旨在通过研究及产业等的多方协作实现技术的快速开发，在未来10年内实现纯电驱动汽车的商业化（指纯电动汽车和插电式混合动力汽车），使纯电驱动汽车能够与常规燃油车展开竞争，并从经济性角度为普通消费者所接受。为此，能源部所属的能源效率及可再生能源办公室（EERE，the Office of Energy Efficiency and Renewable Energy）发布了"电动汽车无处不在大挑战蓝图"（EV everywhere grand challenge blueprint），聚焦于动力电池、电驱动系统、车辆轻量化、高效能量控制、充电设施五大领域进行技术开发，以实现纯电驱动汽车的性能提升和成本降低。

"电动汽车无处不在大挑战蓝图"重点支持应用于插电式混合动力汽车的锂

离子电池技术研发，2022 年实现电池系统质量能量密度 250Wh/kg，体积能量密度 400Wh/L，功率密度 2000W/kg，成本 125 美元/kWh 的目标。其中，短期目标（2012～2017 年）采用高容量正极材料、高电压电解液和高容量锡基或硅基合金负极材料，可使电池系统的质量能量密度由 100Wh/kg 提高到 250(Wh)/kg，但在性能和寿命方面需要开展深入的研究工作；长期目标（2017～2027 年）则主要支持后锂离子电池技术的开发，如锂硫、锂空气、镁离子及锌空气电池等，在寿命、能量效率、功率密度以及其他重要性能参数等方面开展深入的研究工作，以实现其商业化应用。

为实现上述目标，美国能源部所属的能源效率及可再生能源办公室、能源先进研究项目办公室和科学办公室分工合作，共同推动车用动力电池的技术进步。能源效率及可再生能源办公室的车辆技术项目重点支持先进技术研发，通过推动动力电池及其他电化学能源储存装置的技术开发，提高混合动力汽车及电动汽车的市场占有率。能源先进研究项目办公室支持了交通领域电能量存储电池技术项目（BEEST，Batteries for Electrical Energy Storage in Transportation）和车用下一代能量存储系统项目（RANGE，Robust Affordable Next Generation Energy Storage Systems），开发超越传统锂离子电池的高能量密度及低成本动力电池技术，主要包括先进电池体系、电池构造及制造工艺等，设置的电池系统层面指标为：质量能量密度达到 200(Wh)/kg，体积能量密度达到 300Wh/L，循环寿命达到 1000 次，成本不高于 250 美元/kWh。科学办公室则通过基础能源科学项目（BES，Basic Energy Sciences Program）的能源储存研究联合中心（JCESR，Joint Center for Energy Storage Research），采用新一代纳米科学工具，从原子及分子水平上发现、设计下一代能源储存技术，在 5 年内将能量密度提高 5 倍，成本降低到目前的 1/5。对于交通领域用动力电池，设置的技术目标为：能量密度达到 400Wh/kg，功率密度达到 800W/kg，循环寿命达到 1000 次（80% DOD，C/5），日历寿命达到 15 年，成本达到 100 美元/kWh。

2. 日本车用动力电池国家规划

日本经济产业省下属的新能源与工业技术开发组织（NEDO，New Energy and Industrial Technology DevelopmentOrganization）牵头制定了较为详细的动力电池研发路线图和行动计划，重点对锂离子电池单体、模块、标准及评价技术进行研发项目的设置，开展技术攻关。NEDO 于 2013 年发布了二次电池技术路线图 2013（Battery RM 2013），提出了电动汽车用及固定式用二次电池的技术指标（表），其中对于车用动力电池的功率密度、能量密度及寿命等设置了明确的目标。日本车用动力电池的主要性能指标见表 4-4。

表 4-4　　　　　　　日本车用动力电池的主要性能指标

电池类别	要求	2012 年底	2020 年前	2030 年前	2030 年后
功率型电池	功率密度（W/kg^{-1}）	1400～2000	2500	—	—
	能量密度（Wh/kg）	30～50	200	—	—
	使用寿命（年）	5～10	10～15	—	—
	循环寿命（次）	2000～4000	4000～6000	—	—
	价格（美元/Wh）	1～1.5	0.2	—	—
能量型电池	功率密度（W/kg^{-1}）	330～600	～1500	～1500	～1500
	能量密度（Wh/kg^{-1}）	60～100	250	500	700
	使用寿命（年）	5～10	10～15	10～15	10～15
	循环寿命（次）	500～1000	1000～1500	1000～1500	1000～1500
	价格（美元/Wh）	0.7～1	0.2	0.1	0.05

3. 德国车用动力电池国家规划

德国政府为推动电动汽车的发展，制定了国家电驱动平台计划（NPE），通过电池灯塔研发项目推动在动力电池领域建立单体电池及电池系统的生产能力，在材料开发及电池技术、创新性电池设计技术、安全性评估及测试流程、电池寿命的建模与分析、大规模生产的工艺技术等五方面开展研发工作，提出了动力电池系统主要性能参数（2014～2020 年）：2014 年重量能量密度为 105Wh/kg，成本为 400 美元/kWh，2017 年为 110Wh/kg 和 300 美元/kWh，2020 年为 130Wh/kg 和 280 美元/kWh。

2014 年度的电驱动平台进展报告认为，在电动汽车市场加速阶段，核心部件仍然是动力电池系统，低成本高能量密度将有助于推动电动汽车市场快速发展。锂离子电池系统的持续改进和后锂离子电池技术的开发是提升能量密度的关键，从而提高电动汽车的续驶里程。基于技术的进步，2025 年电池系统体积能量密度将实现倍增，达到 280～300Wh/L 的水平；同时随着大规模生产和电池化学体系的改进，电池系统的成本将降至 200 美元/kWh 以下。未来有可能在不增加电池系统成本的情况下续驶里程实现倍增达到 400km，或者在目前续驶里程 200 km 的情况下成本降低一半以上。

4. 韩国车用动力电池国家规划

韩国知识经济部（MKE，Ministry of Knowledge and Economy）大力支持电动汽

车用锂离子电池的研发工作，着重对锂离子动力蓄电池单体、模块、系统及关键原材料等进行攻关研究。支持的世界首要材料项目（WPM，world premiermaterial），涉及纯电动汽车和储能两大应用领域，纯电动汽车侧重于能量密度，储能侧重于成本，从高功率、高容量、低成本、高安全性四方面开展相关技术研究。引导绿色社会的二次电池技术研发项目，下设锂离子电池关键材料、应用技术研究（针对储能及纯电动汽车领域）、评价与测试基础设施、下一代电池研究、2020 年电池计划 4 个子项目，涵盖基础研究、关键原材料、测试评价及标准、动力电池应用，以期在韩国打造完善的动力电池产业链。

5. 中国车用动力电池国家规划

国务院发布的节能与新能源汽车国家规划（2012～2020 年），对动力电池路线图进行了大致规划，重点支持动力电池的产业化和电池模块的标准化。节能与新能源汽车国家规划设置的动力电池模块相关参数指标如图所示。在国家第十三个五年计划中设立了新能源汽车重点研发专项（2016～2020 年），在动力电池方面从动力电池新材料新体系、高比能锂离子电池、高功率长寿命电池、动力电池系统、高比能二次电池、测试评估等六方面进行支持，提升锂离子电池的技术水平，能量密度达到 300Wh/kg，实现批量应用；开展新型锂离子电池的技术开发，能量密度达到 400Wh/kg；开展新体系电池的技术开发，能量密度达到 500Wh/kg。

二、车用动力电池产业发展概况

目前电动汽车用动力电池以锂离子电池产品为主流方向，原因之一是因为锂离子电池是目前实用化动力电池中能量密度最高的电化学体系，具有较长的循环寿命及使用寿命，安全性不断改善；原因之二则是因为锂离子电池已处于大规模自动化生产阶段，成本不断下降。目前世界范围内形成了动力电池研发和产业化的三个集中区域，分别位于德国、美国和中日韩所在的东亚地区。较长时间以来，中、日、韩三国在消费类电子用小型锂离子电池领域处于技术、市场的绝对主导地位，锂离子动力电池的生产目前也主要集中在这三个国家。从技术与产业的角度综合来看，日本在技术方面依旧领先，韩国在市场份额方面超越日本，占据最大份额，而中国的电池企业数量最多，产能最大。

目前锂离子动力电池主要用于纯电动汽车及插电式混合动力汽车，但纯电驱动续驶里程相对燃油车较短（纯电续驶里程大多在 200km 以内），动力电池成本依然较高，安全性能有待进一步改善提高。因此，世界主要汽车生产国都在持续支持动力电池开展技术创新研究和扩大产业规模，特别是进一步提高动力电池的安全性、能量密度从目前的 110～200Wh/kg 大致范围提升至 300～350Wh/kg，进一步降低成本等。着眼于对电动汽车产业未来发展的良好预期，世界各国动力电池企业均投资扩产，2011～2014 年全球锂离子电池产业投资总额为 100～120 亿美元，2015 年产能超过 500 亿 Wh，特斯拉、比亚迪、时代新能源 3 家公司在 2014～2017 年的投资近 70 亿美元。

同时，随着动力电池产能规模的扩大，动力电池价格将呈现快速下降的趋势，单体电池的价格将趋向于 0.8 美元/Wh，电池系统的价格将趋向于 1.2 美元/Wh。

1. 车用国际动力电池发展概况

从目前各公司量产的锂离子动力电池产品看，现有的锂离子动力电池可以分为两大类，一类是采用小型标准圆柱形电池（以 1865 电池为代表，其他类型如 2070、2665、3265、3270 等）组装动力电池系统，一般需要多串并联达到总电压与总容量需求，单体电池的数量达到数千只，连接复杂；另一类则采用大容量动力电池，最大容量可达数十安时甚至更高，采用铝塑膜封装或者是金属壳体焊接封装，由于单体电池的容量大，组合成模块和系统的单体电池数量大大减少，连接相对简单。

从应用于纯电驱动车辆领域看，国外动力电池公司量产配套的大容量动力电池产品（容量大于 10Ah）的能量密度大多为 110～180Wh/kg，部分产品可达 200Wh/kg 左右；小容量动力电池产品则以 1865 圆柱形电池为典型产品（容量为 3.1、3.4Ah 等），能量密度可达 230～250Wh/kg 左右。快充型锂离子动力电池则以钛酸锂电池为代表产品（容量为 20Ah），能量密度达到了 89Wh/kg。

2. 车用中国动力电池发展概况

在混合动力汽车用高功率动力电池领域，正极采用尖晶石锰酸锂、镍钴锰三元材料混合材料，负极采用人造石墨材料，研发的 6Ah 锂离子动力电池，能量密度达到了 81Wh/kg，可实现 30C 充放电，50% SOC 条件下输入输出功率密度大于 4000W/kg，5000 次以上的循环寿命（70% 剩余容量），−20℃低温条件下充放电性能优越，充放容量大于 83%。

在纯电驱动汽车用动力电池领域（含能量型及能量功率兼顾型两类），主要技术进展是：正极采用高电压富锂层状锰酸锂和镍钴锰三元材料混合材料，负极采用人造石墨材料，研发的 25Ah 能量型电池，能量密度达到 159.6Wh/kg，功率密度达到 1101W/kg，常温循环 800 周时容量保持率为 91%；研发的 25Ah 能量功率兼顾型电池，能量密度达到 153.3Wh/kg，功率密度达到 1498W/kg，常温循环 770 周时容量保持率为 93%。正极采用磷酸铁锂材料，负极采用天然石墨、硬碳混合材料，研发的 50Ah 能量型电池，能量密度达到 136.6Wh/kg，功率密度达到 1101W/kg，常温循环 800 周时容量保持率为 91%；研发的 20Ah 能量功率兼顾型电池，能量密度达到 106.5Wh/kg，功率密度达到了 1119W/kg。正极采用尖晶石锰酸锂、镍钴锰三元材料混合材料，负极采用人造石墨材料，研发的 25Ah 软包装能量型电池，能量密度达到 162Wh/kg；研发的 35Ah 能量功率兼顾型电池，能量密度达到 135Wh/kg。正极采用镍钴锰三元材料，负极采用天然石墨/人造石墨/中间相碳微球等材料，开发的 10、15、20、28、30、45Ah 的动力电池，能量密度达到 180Wh/kg；开发的 2.6Ah 1865 圆柱型电池，能量密度达到 200Wh/kg。

目前，中国形成了珠江三角洲、长江三角洲、中原地区和京津区域为主的四大动力电池产业化聚集区域。据统计，近 100 家动力电池企业开展动力电池的研发及产业化工作，有近 1000 亿产业资金投入，形成近 400 亿 Wh 年产能，技术研发、产业化进展显著，有力地支撑了电动汽车产业的快速发展。2015 年随着国内新能源汽车市场的快速发展，动力电池呈现出供不应求的局面，以比亚迪、时代新能源、力神、比克、沃特玛、国轩和盟固利等为代表的国内电池企业均在进行大规模的投资扩产。

三、车用动力电池发展需克服的问题

我国目前车用动力电池技术路线选择的是与美国相同的磷酸铁锂路线，但锂电池技术整体水平仍落后于美国、日本。例如日本电池平均能量密度要高出中国平均水平的 30%～40%，充电次数也能达到中国的几倍。我国锂离子电池产业发展尚需克服以下问题。

（1）知识产权问题。磷酸铁锂的正极材料专利由美国德州大学 Goodenough 团队在 1996 年获得。加拿大 H－Q 和 Phostech 则取得其独家专利和商业授权。目前陆续发展出了敷碳、金属氧化物包覆、纳米化等改性和制备技术，借此提高磷酸锂铁粉体的导电性，并派生出更多专利。因此，专利问题是国内磷酸铁锂制造企业难以避开的问题。

（2）制造一致性问题。电动汽车所用的锂电池都是串联或并联在一起，如果一致性问题得不到有效解决，所生产的锂电池也就无法大规模应用于电动汽车。

（3）成组后安全性和寿命问题。大功率充放电的大容量锂离子动力电池组，

在苛刻的使用条件下更易诱发电池某个部分发生偏差，从而引发安全问题。单体磷酸铁锂电池寿命可超过 2000 次，但由上百块单体电池串并联后，整个电池组的寿命可能只有 500 次，必须使用电池管理系统（BMS）对电池组进行合理有效的管理和控制。

（4）高能量和高功率兼容问题。锂离子动力电池虽然具有高能量密度，可使电动汽车匀速行驶更长时间，但却存在着起动时功率不够，启动加速较慢的问题。在电化学体系中只有超级电容器才能获得非常高的充放电倍率（1000 C），但其能量密度只有锂电池的 1/20。若不辅以超级电容，尚无理想的高容量高功率动力电池出现。

（5）原材料筛选问题。现在用于锂电池生产的原材料不可能全部进口，主要还是取自国内。但是国内的原材料要通过国际认证，生产出的锂电池才能被国际认可，所以目前还需要解决在原材料认证环节上所存在的一些问题。

在燃料电池方面，要实现其产业化，必须使其产生的电力成本（当前为 49 美元/kW）低于或接近化石燃料的价格（30 美元/kW）。除电池关键组件的优化和组装等基础层面的难题外，还需要克服如下一些制约燃料电池产业化的技术壁垒。

（1）贵金属成本。燃料电池产业化后，其生产会导致贵金属的资源短缺问题。而当前研发的替代型催化剂和多元催化剂还远远达不到产业化的技术要求。

（2）燃料电池堆的稳定性。车用燃料电池系统的运行寿命与国际水平还有很大差距，且燃料电池堆的低温性能还有待提高。

（3）燃料电池产业化的基础设施必须建立和完善。在解决成本和性能稳定性问题后，还须建立一个可维持运转的液态氢技术设施网络。当前我国氢燃料补给站仅 60 座左右，在氢能领域，我国缺少布局规划，资金投入不足，且没有制定清晰的路线图和时间表。

（4）进一步加大政府支持力度。国家应继续加大对燃料电池研究机构的扶持和重视，并鼓励和引导有实力的企业进入燃料电池行业，并运用资本和政府投资的带动效应，引起民间和国际资本的跟进，全面进入燃料电池产业。

参 考 文 献

[1] 国内外新能源汽车动力电池发展及供求现状．［EB/OL］. http://news. mydrivers. com/1/

364/364371. htm.

[2] 肖成伟，汪继强. 电动汽车动力电池产业的发展 [J]. 科技导报，2016，34（6）.

[3] 艾新平，杨汉西. 电动汽车与动力电池 [J]. 电化学，2011.5.

[4] 施正浩. 国外新能源汽车产业的发展及其对我国的启示 [J]. 江苏科技信息，2016.11.

[5] 田玉冬，朱新坚，曹广益. 电动汽车的动力电池技术 [J]. 移动电源与车辆，2003.3.

[6] 唐葆君，刘江鹏. 中国新能源汽车产业发展展望 [J]. 2015.3.

[7] 宋永华，阳岳希，胡泽春. 电动汽车的现状及发展趋势 [J]. 电网技术，2011，4.

[8] 公莉萍，张高平. 镍氢电池高温性能工艺方法研究 [J]. 内蒙古石油化工，2014，2.

[9] 李新静，张佳瑢，魏引利，等. 锂离子动力电池的温升特性分析 [J]. 材料科学与工程学报，2014，6.

[10] 罗艳托，汤湘华，胡爱君，等. 国内外电动汽车发展现状、趋势及其对车用燃料的影响 [J]. 国际石油经济，2014（5）.

[11] 李宇恒. 电动汽车短板之困 [J]. 投资北京，2014（8）.

[12] 黄学杰. 电动汽车动力电池技术研究进展 [J]，科技导报，2016，34（6）.

第五章

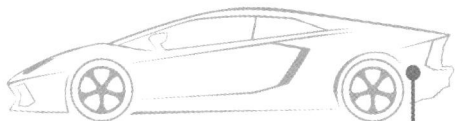

电动汽车充换电技术

第一节　电动汽车充换电方式

目前，电动汽车在充换电方式上主要有普通充电、快速充电、电池更换三种主流模式，另外随着技术的发展，也涌现了无线充电等新型充电方式。

一、普通充电方式

普通充电，即慢速充电，是用现在的交流插头插在车上，需要 5～8h，或者 2～6h，此种方式多为交流充电方式，外部提供 220V 或 380V 交流电源给电动汽车车载充电机，由车载充电机给动力蓄电池充电。一般小型纯电动汽车、可外接充电式混合动力电动汽车多采用此种方式，这种充电方式主要由充电桩来完成。

（1）主要优点。慢速充电技术成熟，技术门槛低，使用方便，容易推广普及；充电设施配置简单，占地较小，投资少；电池充电过程缓和，电池能够深度充满，续航能力更长；充电时电池发热温和，不易发生高温短路或爆炸危险，安全性较高；接口和相关标准较低；充电功率相对低，对配电网要求降低，基础设施配套需求小；一般选择夜间充电，可避开傍晚用电高峰期，享受低谷电价优惠，节能效果较好。

（2）主要缺点。充电时间长，续航里程有限，使用受到限制；充电设用于有慢速充电需求的停车场所，如住宅小区停车场，社会公共停车场等。

（3）应用规模和应用场景。充电桩缓慢的充电过程意味着它只适合面向用户的停车过程，更适合服务覆盖范围较小的分散式布局，比如家庭用车。一般来说，充电桩空间布局的重点应在有一定规模的小区地下车库、大型公共停车场和大型商业中心停车场等拥有大批用户集中停车的场合。未来电动汽车充电应主要由分布在住宅和工作区域的充电桩完成。

（4）发展前景。在国外，居家充电是使用频率最高的电动汽车充电方式。在家门之外，才需依靠公用充电设施。目前从使用经验来看，停车场和社区的充电桩使用频率更高，而充电站并未成为大多数电动车使用者的优先选择。在快充技术没有取得突破性进展的情况下，电动汽车快充时间无法和传统动力的加油时间接近，这就意味着，按照加油站模式设计的充电站，并不是解决电动汽车能源供给问题的最佳方案。从使用便利性和节约资源角度考虑，汽车大部分时间都处在停车状态，建在停车场和路边的充电桩基本可以满足电动汽车常规充电的需要。并且以数量庞大的充电桩替代充电站，还可以节约宝贵的土地资源。因此，长期来看，在我国占据主导地位的常规充电方式应为慢充，停车场和路边的充电桩将成为占主导地位的充电设施。

二、快速充电方式

快速充电模式即非车载充电模式。充电的电流大，不要求把电池完全充满，只满足继续行驶的需要就可以了，这种充电模式下，在 20～30min 的时间里，只为电池充电 50％～80％。充电站一般布置于市区内部、高速公路、城际公路等，为客户提供快速充电服务。这种充电方式主要由充电站内的充电机来实现，为直流充电，它的电压范围是 300～750V，电流最大可达 250A。地面充电机直接输出直流电能给车载动力蓄电池充电，电动汽车只需提供充电及相关通信接口。

（1）主要优点。技术较为成熟，实际运行效果较好，且投资适中，接口标准要求较低；充电速度快，是一种有效的补充方案适用于大容量充电需求的社会公共充电站、公交车辆充电站。

（2）主要缺点。充电功率较大，接口和用电安全提高，电池散热成为重要因素；电池不能深度充电，一般为电池容量的 80％ 左右，容易损害电池寿命，需要承担更多的电池折旧成本；短时用电消耗大，对配电网要求较高，基础设施配套需求巨大；一般在白天和傍晚时间段充电，属于城市电力负荷高峰时段，对城市电网的安全性是一种威胁，而且不享受夜间电价打折；快速充电模式技术还不成熟，接口标准尚未统一。

（3）应用规模和应用场景。该种能源供给方式主要适应于城市公共交通和个人乘用电动汽车的应急充电，作为电池更换模式与家庭慢速充电模式的补充。

（4）发展前景。快速充电的充电机依赖于充电站的建设。虽然充电站建设在技术上不存在问题，设备投资成本也不高，但其占用过多的土地资源，征地成本不可低估。有人建议依靠现有加油站来解决场地问题，但是考虑到电动汽车快充的时间比普通汽车的加油时间长 5～10 倍，而目前市内的加油站经常处于满负荷状态，数年后如再加入充电时间相对较长的电动汽车，很可能因排队过长而造成充电站的瘫痪，甚至殃及道路交通。因此，若电动汽车大规模普及，即使将所有加油站改造成充电站也无法完全满足电动汽车的充电需求，仅靠公用充电站解决充电问题肯定行不通。从短期看，在其他充电设施建设刚刚起步、完备的充电网络还没有形成的情况下，迅速建设一批公用充电站是必要的，可以产生良好的示范效应和广告效应，推动电动汽车的尽快普及。但是从长期看，公用充电站不可能成为电动汽车充电的终极解决方案，也不应作为主要的充电方式。

有关调查显示，电动汽车正为越来越多的人所认识并了解，在购买选择上，合理的价格、充电的方便正成为消费者主要考虑的问题。大部分人表示，若在充电站充电，时间须尽可能短，无法忍受长时间的等待。所以公用充电站应该定位于主要满足各种社会车辆的应急充电需求，以提供快充服务为主，这样可以有效减少充电站的占地面积，提高设备利用率。

三、电池更换方式

电池更换方式是指用户只需购买电动汽车本体（不含电池组），采用租用方式租赁电池，利用专用的电池更换设备，将电动汽车耗尽的电池组直接更换为充电站内已经充满的电池组。整个更换过程通常在 $3\sim5min$ 完成，而更换下的电池待电网负荷较低时进行统一充电。换电模式不仅大大缩短了充电时间，同时也在一定程度延缓了电池寿命、电池维护、电池回收、电网错峰和用地成本等问题。电池更换方式的主要缺点是充电站设备较复杂，投资也较大。

（1）主要优点。用户只需购买裸车，电池采用租赁，大幅降低了车辆价格；采用适合的充电方式保证电池的健康以及电池效能的发挥，电池集中管理便于集中回收和维护，减小环境污染；选择夜间用电低谷时段慢速充电，降低服务机构运行成本，对电网起到错峰填谷作用。

（2）主要缺点。基础设施建设成本较高，占用场地大，电网配套要求高；需解决电动车更换电池方便问题，例如电池设计安装位置、电池拆卸难易程度等；需要电动汽车行业众多标准的严格统一，包括电池本身外形和各项参数的标准化、电池和电动车接口的标准化，电池和外置充电设备接口的标准化等；电池更换容易导致电池接口接触不良等问题，对电池及车辆接口的安全可靠要求提高；电池租赁带来的资产管理、物流配送、计价收费等一系列问题，运作复杂性和成本提高。

（3）应用规模和应用场景。该种能源供给方式适用于公共服务车辆的电能补给。

（4）发展前景。由于电池更换方式的诸多优点，整体更换电池的"换电模式"越来越被业界看好。北京奥运场馆电动汽车就采取该种方式，北京市公交集团采用租赁方式租用中信国安的电池，租赁费为每千瓦时收取电费 4 元。然而推广换电模式的前提是车用动力电池充电技术、电池规格、接口标准必须高度统一。此外，换电模式的实行意味着需要引入一整套的电池租赁体系和电池物流网络。事实上，越来越多的观点认为在近期换电模式将会被整合到充电站经营体系内，从而出现一种慢充、快充及换电一体化电动汽车充电站。

四、无线充电方式

无线充电方式，即无线电能传输技术，又称无接触电能传输技术，最早由电气工程师尼古拉•特斯拉（Nikola Tesla）于 1890 年提出。无线电能传输主要有三类方式：电磁感应式（非接触感应式）、辐射式（包括无线电波式、微波式、激光式）、电磁共振式（非辐射磁场谐振耦合方式）。其中，电磁感应式较适合于手机、IPAD 及电动车感应充电器等设备的超短距离（毫米级）无线充电。微波辐射式较适合用于大功率、长距离输电，如太空太阳能发电站等。电磁共振式较适合用于电动汽车无线充电和短距离（2m 以内）无线输电场合，如输电线路无线感应取电等。由于充电器与用电装置之间以磁场传送能量，两者之间不用电线连接，因此充电器及用电的装置都可以做到无导电接点外露。

1. 基本原理

（1）电磁感应式。初级线圈一定频率的交流电，通过电磁感应在次级线圈中产生一定的电流，从而将能量从传输端转移到接收端。目前最为常见的充电解决方案就采用了电磁感应，中国比亚迪公司在 2005 年 12 月申请的非接触感应式充电器专利，就使用了电磁感应技术。

（2）电磁共振式。由能量发送装置，和能量接收装置组成，当两个装置调整到相同频率，或者说在一个特定的频率上共振，它们就可以交换彼此的能量，是正在研究的一种技术，由麻省理工学院（MIT）物理教授 Marin Soljacic 带领的研究团队利用该技术点亮了两米外的一盏 60W 灯泡，并将其取名为 WiTricity，该实验中使用的线圈直径达到 50cm。

（3）无线电波式。这是发展较为成熟的技术，类似于早期使用的矿石收音机，主要有微波发射装置和微波接收装置组成，可以捕捉到从墙壁弹回的无线电波能量，在随负载做出调整的同时保持稳定的直流电压。此种方式只需一个安装在墙身插头的发送器，以及可以安装在任何低电压产品的"蚊型"接收器。

2. 无线充电技术在电动汽车中的应用现状

无线充电技术适用于当下大多纯电或混合动力车型。无线充电并不限制电池材质，无论是锂离子电池还是铅酸电池，都可以使用无线充电技术。

（1）国外研究应用情况。国外针对电动汽车无线充电技术研究较为深入，汽车厂商如奥迪、宝马、奔驰、沃尔沃、丰田等，通信公司如高通等都已经开始研究电动汽车无线充电技术。其中奥迪的无线充电技术方案主要是针对传输过程中效率流失的问题，该方案通过一种可升降的无线充电系统，使得电缆端的发射线圈更靠近电动汽车底部的接收线圈，从而提高电力传输效率。宝马与奔驰合作研发的无线充电技术已经经过了测试，并应用到了宝马 i8 车系上。沃尔沃则已经完成了电动汽车车载无线充电系统测试，整个充电过程用时 3h 都不到。

1）韩国全球第一辆路面充电电动车。2013 年 8 月，韩国开动全球第一辆路面充电电动车见图 5-1，实现电动汽车无线充电技术在实际中的应用，如图 5-1 所示，在路面下方预埋了电缆，利用磁共振原理给行驶在上边的车辆无线充电。电缆埋在路面下大约 30cm 深，无线充电使用了韩国科学技术学院（KAIST）研发的"定形共振磁场"（SMFIR）技术，以特定频率（20kHz）输送 100kW 电力，形成相应的电磁场。车辆底部装有耦合线圈，可时取对应频率，通过磁共振产生交流电。OLEV 可以在这套系统中获取 100kW 的供电，车底与路面间距 17cm。由于车辆本身还有个小电池（传统电动车电池的大约三分之一），所以不需要整条路都是可充电的，只要 5%～15%就能满足，充电系统只有在 OLEV 经过的时候才会打开。

图 5-1　全球第一辆路面充电电动车

2）美国 Hevo 充电技术。美国 Hevo 公司采用无线充电技术，在纽约部署一系列的无线充电站，并伪装成下水道井盖，实现与市容的完全融合见图 5-2。

图 5-2　纽约无线充电站

　　传统上，感应式充电系统主要被智能手机、平板电脑以及日产 Leaf 之类的改装电动车所使用。这种充电方式通过一个线圈来产生电磁场，然后安装在电动车上的另一个线圈再从电磁场转化电能给电池充电。但充电效率很低，线圈会造成很多能量损失。而对于共振充电系统来说，两个线圈都连接了电容器，两个电容器共振于同一特定频率。能量损失得到降低，充电速度变得更快。

　　Hevo 的充电系统包含三个部分：①固定在街头或嵌入人行道的电站；②连接到汽车电池的接收器（见图 5-3）；③一款智能手机应用，让司机能够把汽车和充电站对齐。

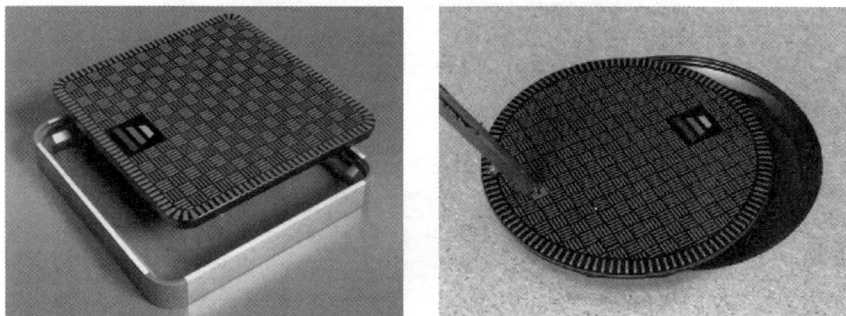

图 5-3　Hevo 的充电系统

　　目前，Hevo 系统被评为第二级充电站，电压 220V，传输给汽车的电能最高为 10kW，Hevo 定位是城市通勤电动汽车——小足迹、低速度、低电池容量。

　　3）高通 Halo 充电技术。高通 Halo 依靠铺在地面上的充电板，在其上方产生电磁场，所提供的平均电磁场高度大约在 1.5m 左右时。这种充电板电磁场能够达到的最大高度为 2.5m，这一高度足以支持地盘较高的 SUV 车型充电。如果未来充电板安装在地表、车道以下，这么高的电磁场也能够为汽车进行有效的充电。同时面对人体健康方面的质疑，高通表示无线充电工作时的磁感应强度只是手机通话状态的二分之一，其工作时的磁感应强度符合相关标准。系统目前提供的充电功率分为 3.3kW，6.6kW 和 20kW 三个档次，前两者能够满足整夜充电，而最后一种充电功率则可以实现半小时快充，与特斯拉超级充电桩非常接近，后者能够使 Model S 车主在 75min 时间内通过电线连接为汽车充满电。高通表示无线充电功率耗损大概在 10％ 左右。而且继续增大充电功率，功率耗损并不会增加，如果按照最高功率充电，将获得 95％ 的充电效率。从 2015 年开始，Formula E 赛车将实现无线充电。这些电动赛车使用的是高通 Halo 充电技术，高通 Halo 无线充电赛车如图 5-4 所示。

　　汇集在车子下面的电磁场并非绝对安全，充电板在汽车完全停在电磁场上方时才会被激活，并且在电磁场激活后启动异物监测和活体保护安全系统来保障安全。异物监测如果监测到充电板上出现任何金属物，将会自动关闭系统。如果车主没有及时清除金属物，将可能导致非常严重事故，比如起火。活体保护就是监测临近电磁场附近是否有人或者动物的存在，如果有异物正在充电的汽车底下，将自动关闭系统，并通过智能手机向车主发送通知，以便及时清除充电板上的金属物或者赶走宠物，以便再次激活充电系统。

图 5-4　高通 Halo 无线充电赛车

　　4）奥迪公司推出无线充电技术纯电动汽车。2014 年 6 月，奥迪公司推出纯电动旗舰 SUV Q8 e-tron，实现电动汽车无线充电技术市场化推广。该车采用无线充电技术，其原理是充电板内的交变磁场将 3.3kW 的交变电流感应至集成在车内次级线圈的空气层中，实现电网电流逆向并输入到车辆的充电系统中。当电池组充满电时，充电将自动中止。感应式无线充电所需的充电时间与电缆充电所需的充电时间大致相同，而且用户可以随时中断充电并使用车辆。奥迪的无线充电技术效率超过 90%，不受譬如雨雪或结冰等天气因素的影响。

（2）国内研究应用情况。国内关于电动汽车无线充电技术主要集中在理论研究和样机研制方面。国内进行电动汽车无线充电技术研究的高校主要有东南大学、天津工业大学、重庆大学、哈尔滨工业大学、华南理工大学、桂林电子科技大学等。

东南大学已研制出一套在传输距离 30cm 范围内可实现 3000W 功率充电的电动汽车无线充电系统，对于一辆普通的纯电动汽车，慢充充满电需要 7～8h，充满可以跑 180 多 km，相应充电系统如图 5-5 所示。重庆大学提出了一种城市电气化交通非接触电能接入模式，已研制出一台 500～1000W 的轨道交通装置，并正在研发 10～20kW 的大容量实用装置。

图 5-5　东南大学研制的无线充电电动汽车

在产业界，华为、中兴、奇瑞、比亚迪、江淮汽车及国家电网公司等正在积极开展纯电动汽车的研制以及相应的无线充电技术的研究。比亚迪在 2005 年申请了非接触感应式充电器的专利，并在 2014 年卖给犹他大学的一辆纯电动巴士上配备了 WAVE 无线充电垫。安徽江淮汽车股份有限公司提出了一种电动汽车高耦合系数无线充电装置的设计方法，包含用于调整初级部与次级部相对距离的移动装置。当对电动汽车进行无线充电时，通过移动装置可拉近初级部与次级部之间的距离，提高两者之间的耦合系数，进行高效充电，该公司已将该方法通过专利的形式固化为知识产权。

安徽江淮汽车股份有限公司提出了一种电动汽车高耦合系数无线充电装置的设计方法，它包含用于调整初级部与次级部相对距离的移动装置。当对电动汽车进行无线充电时，通过移动装置可拉近初级部与次级部之间的距离，提高两者之间的耦合系数，进行高效充电，该公司已将该方法通过专利的形式固化为知识产权。

中科院电工所研发的电动汽车无线充电系统主要由高频电源、地面发射线圈，车载接收线圈、车载充电机和车载人机交互系统构成。在充电系统接通220V电源后，用户只需将安装在汽车尾部的车载接收线圈装置通过人机交互系统的指示与安放在地面上的发射装置对准，就可以开始充电，系统结构如图5-6所示。

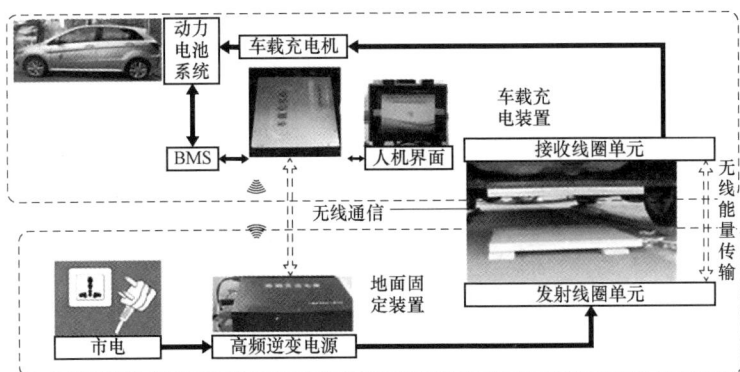

图5-6　无线充电系统的系统结构图

2014年10月，由成都电动汽车服务公司立项开发的"电动汽车无线充电系统"试验成功，这将为成都市推广新能源社区巴士等固定运营线路起到积极作用。电动汽车无线充电系统采用电磁感应原理，利用自动通信连接。目前该系统试验的单机可提供最大功率20kW、最大充电电流50A。在该系统充电全过程，汽车只需停在地面的一块"金属板"上，通过车载终端进行身份识别、支付，即可实现无人值守、自动充电，全过程自动化控制，成都无线充电巴士如图5-7所示。

图5-7　成都无线充电巴士

该系统具备"站不征地、车不增负、充不动手、路不白跑、电不过放"的五大优势，可利用现有开放式停车场甚至路边临停区域进行就地改造，无须新征土地，降低充电设施建设的投资。同时实现车辆在线补电，解除车辆对行驶里程的苛刻限制。充电全过程自动化，无人员值守，大大降低人力资源成本。另外，它采取定制式设计，终结了车辆在起点、终点往复充电，大部分路程行进在运营线路和充电站之间的传统充电模式，其随用随补的充电模式让电池电量保持在50％～100％之间的浅充浅放的理想状态，延长电池寿命。

3. 无线充电技术发展展望

电动汽车无线充电技术具有使用方便、安全性高和自动化程度高等特点，具有较为广阔的应用前景，可望广泛应用于驻车无线充电（也称为静态无线充电）、公交站台无线充电（也称为拟动态无线充电）和行车无线充电（也称为动态无线充电）等场合，亦可融入智能电网当中，实现电动汽车充电的自动调节。

（1）驻车充电，是一种常规的充电方式，指电动汽车停放在充电位置上进行静态充电，可用于家庭慢充充电、充电站快速充电，以及车库（立体车库）的充电当中。驻车充电是电动汽车无线充电技术主要的应用场景。

（2）公交站台无线充电，指电动公交车在站台的停靠时间内，利用站台处地面铺设的无线充电系统发送装置，为公交车补充电量。该方法能够有效减少电动公交车的电池容量，降低公交车的成本和重量。

（3）行车充电，指电动汽车在行驶时进行充电。该方式在特定的道路上铺设无线充电系统发送装置，当车辆经过时，无线充电系统工作并为其补充电能。

（4）智能电网充电，指电动汽车充电装置纳入智能电网运行控制中，可根据区域内电网负荷情况，对电动汽车无线充电进行智能控制，改善电网负荷状况。

总的来看，由于无线充电系统具有安全、便捷、自动化程度高等诸多优点。未来无线充电将用于更加广泛的环境中，以实现车辆的半动态及动态充电。目前无线充电已成为电动汽车充电设施中的热点技术，也具有较大的潜在商机，得到了国内外的广泛关注，有望成为电动汽车充电技术中极为重要的组成部分而得到广泛推广使用。

第二节　电动汽车充换电设施

一、充换电设施的分类

充换电设施指为电动汽车动力蓄电池提供电能的电气设备（系统）和相关基

础设施的总称。作为连接电网和用电设备（电动汽车）的传输媒介和载体，三者之间的连接如图 5-8 所示。电动汽车充换电设施主要分为充电桩、充电站、电池更换站。

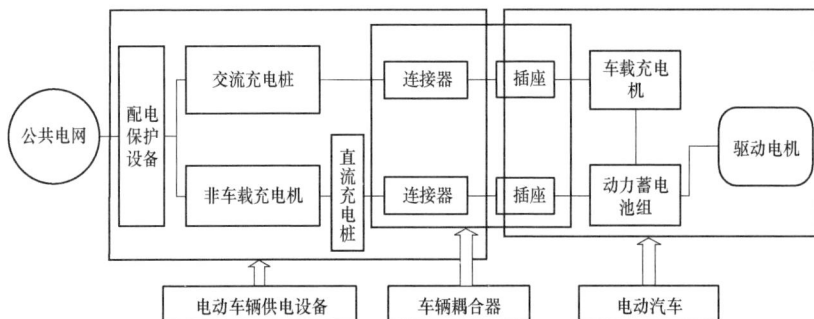

图 5-8　充换电设施与电网电动汽车的关系

1. 充电桩

充电桩可分为直流充电桩，交流充电桩和交直流一体充电桩。交流充电桩采用人机交互界面采用大屏幕 LCD 彩色触摸屏，由桩体、交流进线漏电流断路器、防雷模块、充电输出电动负荷开关、充电控制板、计量管理模块、显示单元等组成，充电桩的交流工作电压 220V 或者 380V，充电电流 32A，普通纯电动轿车用充电桩充满电需要 4～5h。

直流充电桩的输入电压采用三相四线 AC380V±15%，频率 50Hz，输出为可调直流电，直接为电动汽车的动力电池充电。由于直流充电桩采用三相四线制供电，可以提供足够的功率，输出的电压和电流调整范围大，可以实现快充的要求。

交直流一体的充电桩如图 5-9 所示，既可实现直流充电，也可以交流充电。白天充电业务多的时候，使用直流方式进行快速充电，当夜间充电站用户少时可用交流充电进行慢充操作见图 5-9。

由于充电桩造价低廉，主要安装在停车场，多用于私人用新能源汽车充电，适用于慢充动力电池。

2. 充电站

充电站按照功能可以划分为 4 个子模块：配电系统、充电系统、电池调度系统、充电站监控系统。一个完整的充电站需要配电室、中央监控室、充电区、更换电池区和电池维护间等 5 个部分组成。

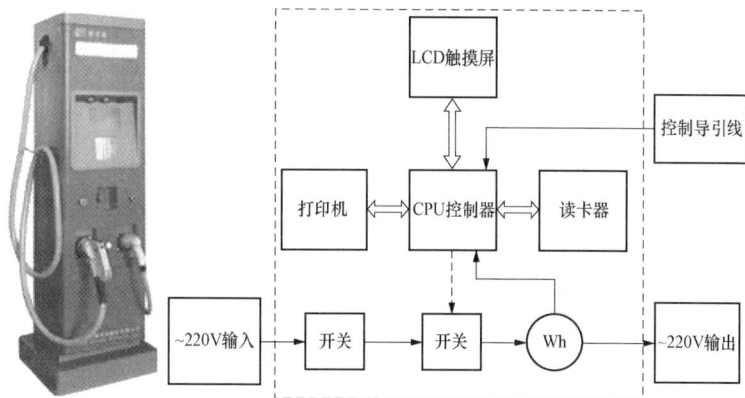

图 5-9 交直流一体充电桩原理外形图和拓扑图

（1）配电室为充电站提供所需的电源，不仅给充电机提供电能，而且要满足照明、控制设备的用电需求，内部建有变配电所有设备、配电监控系统、相关的控制和补偿设备。

（2）中央监控室用于监控整个充电站的运行情况，并完成管理情况的报表打印等。

（3）充电区主要完成电池充电功能。

（4）更换电池区是车辆更换电池的场所，需要配备电池更换设备，同时应建设用于存放备用电池的电池存储间。

（5）电池重新配组、电池组均衡、电池组实际容量测试、电池故障的应急处理等工作都在电池维护间进行。

针对大型充电站，还应有电能治理设备，如无功补偿装置、动态（静态）谐波治理装置等。充电站多采取集中式充电，可同时为多辆新能源汽车充电，常用于环卫、公交类新能源汽车的充电。

3. 电池更换站

电动汽车电池更换站是采用电池更换方式为电动汽车提供电能供给的场所。与充电站相比，电池更换站具有电池更换时间快，电能补充速度快，自动化程度高等特点。电池更换站一般包括供配电系统、充电系统、换电系统、监控系统等部分见图 5-10。

图 5-10　电池更换站实景图

二、充换电设施的发展趋势

1. 路灯充电桩一体化

为了解决目前电动汽车充换电设施建设存在的征地、扩容、施工成本高等问题，将电动汽车充电桩和市政路灯节能改造融合，具有占地面积少、建设难度小、投资少、网点密度大等优点。通过大量增加公共领域的充电桩、充电车位等基础设施配备，更好地推动和推广电动汽车等绿色能源交通工具的发展。路灯充电桩一体化建设方案位置选择示意图见图 5-11。

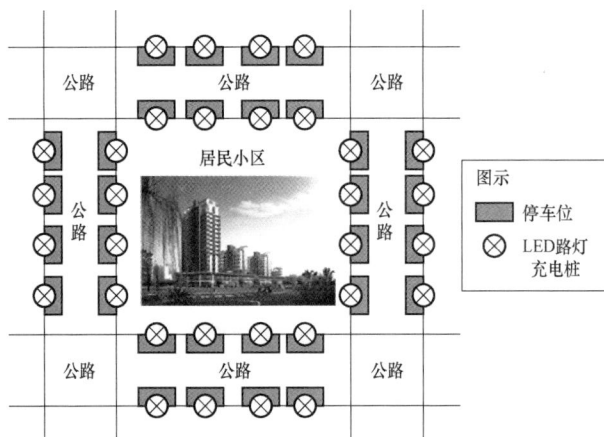

图 5-11　路灯充电桩一体化建设方案位置选择示意图

节能路灯充电桩整体一体化建设首先是利用大功率整流器对市电进行统一整流处理，得到统一制式的直流电源，将 LED 市政路灯替代传统的高压钠灯在市政路灯杆上安装直流充电装置，利用稳压和过压保护后的直流电源直接为电动汽车的蓄电池进行充电，实现直流充电桩和 LED 市政路灯的一体化建设。在对多条路段进行节能改造之后，就可以方便的对其进行连接，从而形成低压直流供电网络。路灯充电桩一体化建设方案设计示意图见图 5-12。

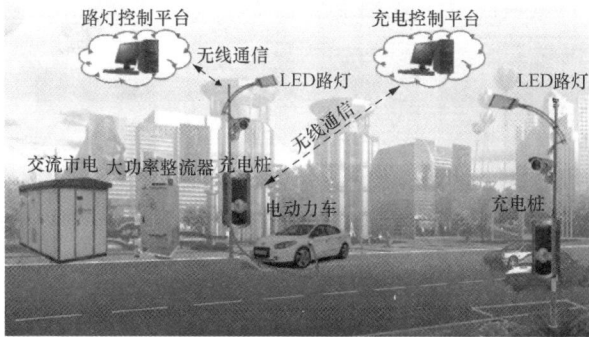

图 5-12　路灯充电桩一体化建设方案设计示意图

（1）路灯充电桩一体化的优势。

1）短时间内实现电动汽车充电设备部署，促进电动汽车的推广。大规模建设直流充电桩后，能够从根本上解决长期以来限制电动汽车发展的瓶颈问题，为电动汽车实现方便的充电服务，因而能够有力促进电动汽车普及，减少汽车尾气排放量，改善城市环境。

2）在对多条线路改造后互联形成低压直流供电网，为城市内供电网络提供必备条件。未来的城市发展中，直流供电将成为不可或缺的电源，能够为更多的设备提供所需的电源。

3）直流电网建成后可实现新能源就地消纳，进行能源调配，满足现有电力网的峰谷需求。部分新能源的产生即为直流电源，如果将其直接接入低压直流网，可减少其中间转换环节的能源消耗，并且达到分布式能源并网的目的，通过统一的监督调配平台，实现能源管理，达到削峰填谷的目的。

4）不但可以节省照明电费，推动电动汽车的发展，减少石油对外进口的依赖，减少污染气体的排放，而且不占用政府资金，有力促进政府实现节能减排目标。

（2）示范应用。

1）北京市昌平区京密北路进行了路灯充电桩一体化示范工程建设。2014 年

10 月，在京密北路东段完成路灯充电桩一体化建设，项目工程路段全长 1.5km，实施 LED 路灯改造 88 盏，以 80W LED 灯替换 250W 高压钠灯，建成 8 座交流慢速充电桩和 2 座直流快速充电桩以及 1 座抱杆式交流充电桩，部署市政路灯一体化管理系统 1 套，见图 5-13。

图 5-13　直流立式快充桩、交流立式慢充桩、交流抱杆式充电桩实景图

系统平台安装及运行调试：系统平台包括充电桩控制平台和手机 APP 应用两部分。运用有线与无线互联网作为通信媒介，实现对智能充电桩的监控，通过手机 APP 与后台管理系统通信，在无人值守的状态下自助为电动车充电。用户可以利用地图导航查询充电桩的位置信息、充电桩状态信息；控制智能充电桩设置，开始充电、取消预约、停止充电；查询充电数据、充电次数、充电历史；用户账户与支付宝、微信绑定，实现定额、定量的智能充电结算，系统对运营单位和普通用户真正提供信息化运营管理和分享应用服务的一体化解决方案，充电桩控制手机 APP 见图 5-14。

图 5-14　充电桩控制手机 APP

昌平试点项目建成后，以昌平地区电动出租车充电为例，使用慢充桩充电时间为 4～5h，使用快充桩 30min 可补电 80%。这些充电桩已逐步缓解区域内电动汽车充电问题，如图 5-15 所示。与集中式充电站建设相比，采用路灯充电桩一体模式，无须占用建设用地，节约土地 200㎡；与路灯系统共用配电设施和电缆，节约配网线路改造和增设变压器成本约 20 万元；节能效果显著，月节省电费 2194 元。

图 5-15　电动汽车试点充电

2）宝马发布 Light &Charge 路灯充电桩原型。

2014 年 11 月宝马在德国慕尼黑发布了 Light &Charge 路灯充电桩原型，如图 5-16 所示，这款路灯整合了充电桩的功能。采用了模块化的开发方式，即可以根据不同地点，进行相应调整，如路边和住宅区配备一到两个 LED 照明组，而主干道上可以装配四个照明组。预计在 2015 年，就会被安装在慕尼黑街头适用，整个城市都将逐步用这款照明和充电单元取代传统的路灯，将有效提升城市中充电桩的数量，同时对照明基础设施也是一次更新，让整个街区变成能源使用更为有效的 LED 灯城市。

图 5-16　宝马 Light &Charge 路灯充电桩原型图及相关路灯充电接口

2. 超级充电站

为解决充电问题，比亚迪推出"空中纯电动车充电塔"与"3＋3循环式立体充电机"等电动车充电解决方案。其中"空中纯电动车充电塔"具有容量大、配套设施完善等优点，"3＋3循环式立体充电机"拥有占地小、操作简便等优势。目前，上述两套设施都已经在比亚迪深圳坪山厂区内建成实体，现阶段以上两种充电设施已经投入到实际使用当中。

（1）空中纯电动车充电塔。"空中纯电动车充电塔"占地 $1200m^2$，高达十层，每层供 40 辆车充电，整体可以容纳 400 辆车同时充电。每个车位都配有一个 40kVA 的快速充电设施，可以在两个小时内把一台比亚迪 E6 充满，整个充电塔的配置总功率为 14400kW。

（2）3＋3循环式立体充电机。"3＋3循环式立体充电机"占地 $450m^2$，以深圳福田景田为例，每平方米月租金为 100 元，其月租金仅 4.5 万元，与其他同样的平面停车场相比，而同样容积的平面停车场月租 18 万，只占其价格的 25％，优势明显。"3＋3循环式立体充电机"由 3 座循环式立体充电机组成，每座充电机能存放 12 辆车，6 座充电机一共能够同时容纳 72 辆车充电，占地仅 $450m^2$。不仅配套 40kW 国标、美标、欧标充电枪，还同时兼容多种充电标准，能够在半个小时内把一台比亚迪 E6 充满，充电效率高。

"空中纯电动车充电塔"和"3＋3循环式立体充电机"是对目前中国乃至全球充电设施问题瓶颈的突破，整套解决方案对电动车充电的时效性、规模性、我国充电接口的不统一性以及对土地集约化发展上考虑都非常充分，并给出合理的解决方案。

3. 光储充电站

"光储充一体化"是将光伏电力先行存入储能设备，再根据需要给用电设备充电，旨在突破传统光伏发电瓶颈，使其满足更加多样化的市场需求。这样就实现了清洁电力的可调配性，规避了光伏发电不稳定、输电模式单一的劣势，为电站持有者提供更多样的经营和盈利模式。

光储充一体化系统，通过能量存储和优化配置实现本地能源生产与用能负荷基本平衡，可根据需要与公共电网灵活互动且相对独立运行，尽可能多地使用新能源，缓解充电桩用电对电网的冲击；在能耗方面，直接使用储能电池给动力电池充电，提高了能源转换效率。光储充一体化模型见图 5-17。

2015 年 6 月，青海首座光储一体化电动汽车充电站在海北藏族自治州海晏县西海镇建成投运。该充电站为永久性充电站，集成了光伏发电、智能充电桩、

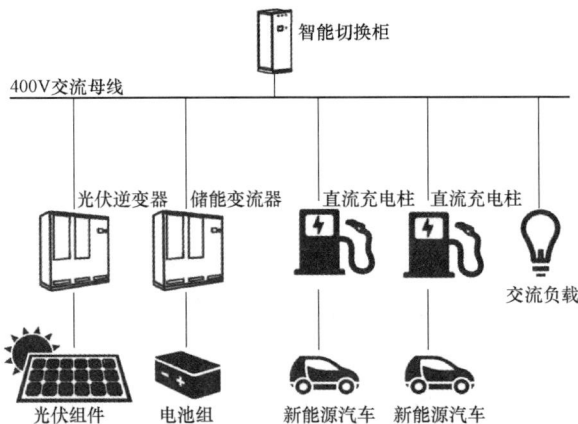

图 5 - 17　光储充一体化模型

储能电池等多项先进技术，突破了光伏电站无法在夜间为电动汽车充电的瓶颈。该工程光伏装机容量为 35kW，日发电量约 200kWh，储能装机容量 150kW，充电桩 12 座，可为国内外各主流品牌电动汽车提供直流快充、交流慢充服务。光储充一体化充电站见图 5 - 18。

图 5 - 18　光储充一体化充电站

第三节　电动汽车充换电站工程案例

一、北京市电动汽车充换电站工程

截至 2016 年年底北京共建成各类充换电站点 800 余处、充电桩 1 万余座。

五环以内的核心城区充电站达到 300 座，占比接近 40%，基本形成服务半径 1km 的充电网络，5000 余个小区安装了自用充电桩 2.6 万个。北京充电网络如图 5-19 所示。

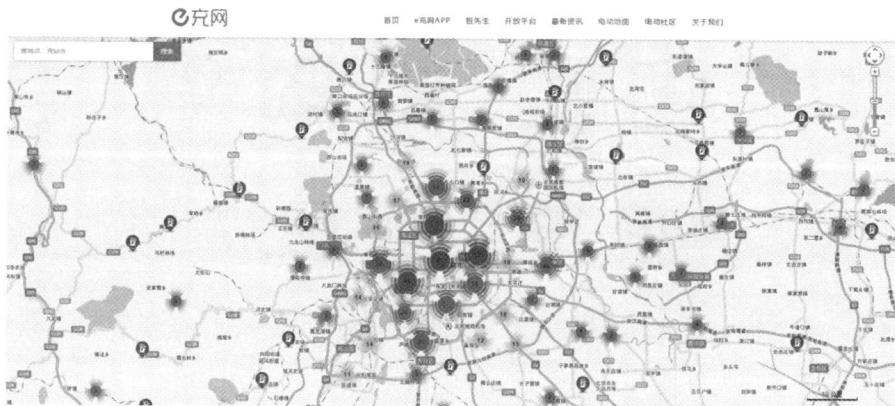

图 5-19　北京充电网络图

1. 首都机场充电站

北京市首都机场充电站，见图 5-20，位于首都机场 T3 航站楼东南侧，由国网北京市电力公司负责建设运营，于 2014 年 10 月投运，曾服务于 2014 年北京 APEC 会议专用新能源车，主要为首都机场摆渡电动巴士和社会电动汽车提供充电服务。该站建设初期，安装有 450kW 大功率充电机 4 台、直流充电桩 25 台、交流充电桩 25 台，可同时为 4 辆电动客车和 50 辆电动小汽车充电。2016 年 12 月完成了升级改造，将原来的 25 台 7kW 交流慢充桩，全部更换为 60kW 的直流快充桩。

图 5-20　首都机场充电站

2. 华贸电能汽车充电站

华贸电能汽车充电站，位于北京 CBD 地区华贸中心东侧的停车场里，由北京富电科技有限公司建设运营，于 2015 年 1 月起向社会公众开放，是北京市首个光伏公共充电站，也是国内最大的商业区充电站。该充电站分两期建设，一共将建 200 个充电桩，目前投入使用的一期工程包含 100 个地下充电桩以及两座地面光伏充电站。市面上主流的国产、日系和欧美三大车系电动车都可在这个充电站充电。

该光伏充电站的光能转换率达到 22%，发电功率达到 25kW，一天的发电量能让 7 辆左右的纯电动车充满电。华贸电能汽车充电站如图 5-21 所示。

图 5-21　华贸电能汽车充电站（地面光伏充电站）

3. 西客站充电站

西客站大型充电站由北京富电科技股份有限公司投资建设，见图 5-22，于 2015 年 12 月正式建成投入使用，位于西客站北广场西北角的瑞海大厦 B4 层，是继首都机场之后的又一公交枢纽大型公用充电站。该充电站建设规模为 100 个充电桩（50 个快充桩，50 个慢充桩），可为周边电动汽车用户及电动出租车提供充电服务，每天最大服务能力可达 850 车次。

4. 北京市全球首批充换电站集群

2016 年 10 月底，由北汽新能源联手中石化、奥动新能源和上海电巴等机构打造的首批 10 座充换电站正式交付使用，覆盖北京中心城区、怀柔、顺义等 8 个区县。年内还将再交付 40 座充换电站，届时能够支撑 6000 台换电出租车的换电需求。北汽新能源首批充换电站之奥动电吧集美站见图 5-23，中石化北京石油亦庄博大路站见图 5 - 24。

图 5 - 22　西客站充电站

图 5 - 23　北汽新能源首批充换电站之奥动电吧集美站

图 5 - 24　北汽新能源首批充换电站之中石化北京石油亦庄博大路站

5. 小营北电动公交充电站

小营北电动公交充电站于 2015 年 11 月投入使用，如图 5 - 25 所示，坐落于北京市朝阳区小营北路南侧，是北京市最大的电动公交巴士充电站，可同时为30辆公交车进行快速充电，每天能满足200辆纯电动公交车的充电需求。小营公交场站总占地面积约26 500m²，建筑面积1575m²，小营北充电站每天支持上百辆纯电动公交车上线运营，日均客运量1.87万人次。

图5-25 朝阳区小营北电动公交充电站

6. 四惠纯电动公交充换电站

四惠充换电站由国网北京市电力公司负责建设运营，如图5-26所示，位于东长安街延长线、四惠公交枢纽东侧，一层设有充换电车间、监控室，二层为办公区。换电车间设有2条换电通道和4套全自动电池更换设备，可同时为4辆电动公交车提供换电服务，整车综合更换时间为8～10min。该站换电车间共设有440台15kW充电机，总容量为6600kW，能同时为640块电池充电。该充换电站主要服务循环于长安街沿线及四惠周边地区的电动公交车辆，日服务能力可达160辆电动公交车。

图5-26 四惠纯电动公交充换电站

二、上海市电动汽车充换电站工程

上海是"十城千辆"和第一批乘用车试点城市，2010年世博会在园区开展新能源汽车示范运行。2013年，新能源汽车市场逐步启动，2015年和2016年均实现快速增长。截至2016年11月，上海市新能源汽车保有量累计超过9万辆，2016年1～11月，上海全社会累计电动汽车充电电量达到8903万kWh，呈快速增加趋势。

上海市新能源汽车市场具有保有量快速增加，私人乘用车占比高，插电混动车型占比高，市场竞争充分等特点。

上海市交通委牵头编制了《上海市新能源汽车发展规划》，预计2020年，上海市新能源汽车保有量达到22.6万辆，配套充电设施需求25.8万台。其中个人自用、专用充电桩22.6万台，公共充电桩3.2万台。公共充电桩占比10%左右，充电设施设备制造、建安工程、平台服务、运维服务市场规模超过100亿元。

1. 安亭电动汽车充换储放一体化电站

安亭电动汽车充换储放一体化电站位于上海电动汽车国际示范区嘉定安亭镇，占地2513.1m²，是国家863计划"先进能源技术领域智能电网关键技术研发（一期）"项目中"电动汽车智能充换储放一体化电站系统及工程示范"课题的配套工程，也是上海首次建设集乘用车、商用车充换储放电于一体的电站，实现了电动汽车充换电功能和充放储一体化。电动汽车充放储一体化站见图5-27。

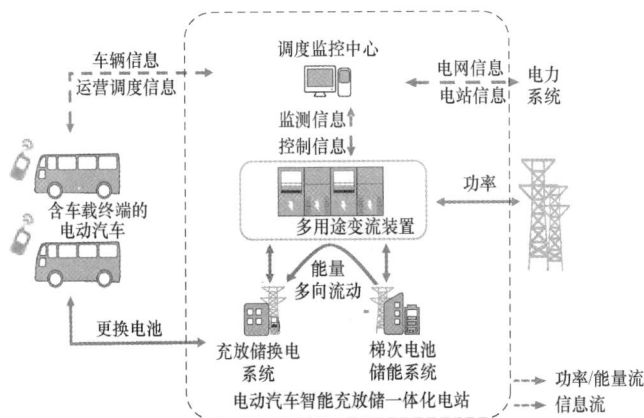

图5-27 电动汽车充放储一体化站示意图

上海嘉定安亭电动汽车充换电站建设规模为：电站设计负荷容量1900kVA；

站区内 2 台 35kW 直流充电机；在地下停车库内配置 10 台 5kW 交流充电桩；在站区内室外场地设置立体充电车库一座，配置 9 台 5kW 交流充电桩；1 个乘用车换电工位，配置 1 台半自动助力机械手、40 箱乘用车电池箱、2 个电池转运仓（每个电池转运箱内含 20 个电池充电位）和 2 个移动充电仓（每个移动充电仓内含 20 台 3kW 直流充电机）；电动商用车充换电间（充放储一体化电站）1 个，10 个 6 工位充电架，10 台 6 工位充电机柜，8 台多用途变流器；1 套 500kWh 梯次利用系统；换电电池 172 箱。整站系统规模达到 1.25MW/2.25MWh，可同时为 19 辆乘用车慢速常规充电，为 2 辆乘用车快速充电，并为 40 辆乘用车和 15 辆商用车提供电池更换服务。电动汽车充放储一体化站构架图见图 5-28。

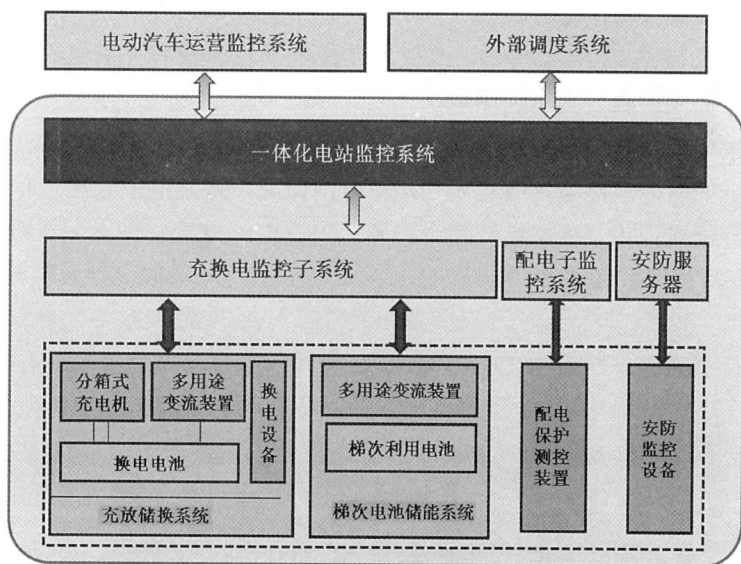

图 5-28 电动汽车充放储一体化站构架图

该工程主要创新性体现在：

（1）上海嘉定安亭电动汽车充换电站将电动汽车充电站、换电站、储能站和梯次利用等多功能进行融合，在满足电动汽车能源供给的同时降低电动汽车使用成本，还可作为储能为电网提供灵活、安全、可靠的用电以及其他增值服务，有助于推动电动汽车发展，支持智能电网建设，提高资源利用效率。

（2）提出的基于区域配电网、充放储一体化电站、电动汽车等单元间能量/功率多向性流动特性的广义能量/功率调度控制策略，实现信息流与功率流的交互和控制。

（3）提出了基于改进 BP 神经网络的梯次利用电池容量快速估计方法，提出了基于模糊聚类统计的梯次利用电池筛选成组方法，大幅提高了车用淘汰电池的筛选效率，为梯次利用电池的重新筛选成组提供高效的手段。

2015 年年初，安亭一体化充换电站通过验收，并开始投入试运行。该电站主要为 15 辆安亭 1 路纯电动公交车充换电，充换电站可同时为 132 箱电池充电。换电设备可实现全程自动化操作，无须人工换电。当车辆停至换电工位后，感应装置将车辆身份信息送到位于电站二楼的监控系统后，位于工位上方的电子板会同步显示其信息和换电过程。同时，配置有视觉定位分析系统的换电机器人会精确定位电池箱位置，并自动适应车辆高度变化，提高了换电的可靠性和安全性。纯电动公交车每次的换电时长为 6～8min，换下每组（八箱）电池充满电约 3h，每次换电后可行驶 120～150km，改变了以往电动汽车只有充满电后才能继续行驶的模式，极大提高公交车利用率。

安亭集中充换放储一体化电站正式投入运行后，将有助于电动汽车电池充放电、电池更换与电池储能梯级利用功能整合的研究，探索电池充放电信息化系统和运营管理模式，积累电站系统建设经验。安亭电站外观如图 5 - 29 所示。安亭1 路公交车进站换电如图 5 - 30 所示。

图 5 - 29　安亭电站外观图

2. 上海世博会电动汽车充电站

上海世博会充电站用地面积约 6200m²，主要采用电池更换服务模式并辅之以 4 台整车应急充电机。电池更换及充电车间共有 8 组轨道，每组轨道配有 2 台为电动客车更换充电电池的机器人，共计 8 套（16 个）机器人，整车电池更换速度为 6min/辆。充电站的充电设备包括 9kW 和 30kW 的分箱充电设备，以及75kW 的整车充电设备。

上海世博会采用了通用汽车公司与 Segway 公司共同开发的电动汽车 EN -

图 5-30　安亭 1 路公交车进站换电

Vs，见图 5-31，其最大行程可达 25 英里（40km），最高时速 25 英里（40km）/h，系统使用全球定位系统、远程传感技术和车辆通信技术以减少意外事故的发生。

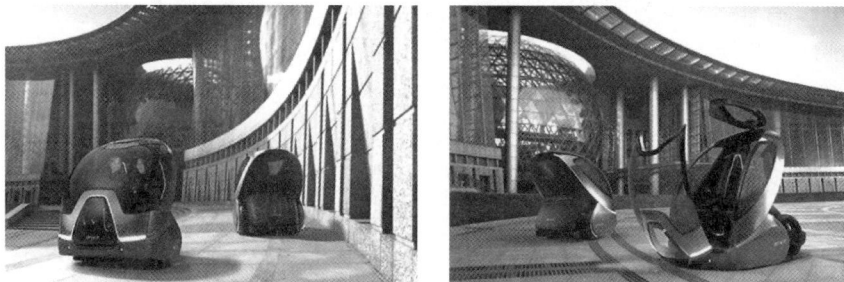
图 5-31　上海世博会的 EN-Vs 电动汽车

上海世博会电动汽车充电站采用以换电为主，整车充电为辅的充电模式，4 套 600V/75kW 的整车充电机，196 台 75V/9kW 分箱充电机，56 台 400V/30kW 分箱充电机，从 2010 年投入使用至今，见图 5-32。

三、山东薛家岛智能充换储放一体化示范电站

薛家岛电动汽车智能充换储放一体化示范电站位于青岛市连接青岛城区与黄岛区的胶州湾海底隧道黄岛侧出口，由位于薛家岛公交枢纽站内的公交车充换电站以及相邻的北庄变电、集中充电站、电池配送站三部分组成，示范站整体规划实现"建设运营标准化、换电过程自动化、运行监控透明化、友好互动网络化、电池管理数字化、储能微网智能化"，在技术创新上取得了全面突破，为电动汽车智能充换电服务网络的大规模推广起到了良好的示范效果和引导作用。

系统集电动汽车充、换、储、放于一体，可满足 540 车次/日的电动公交车

图 5-32　上海世博会电动汽车充电站

的充换电需求以及 1440 车次/日乘用车电池配送的需求，同时储能系统配置最大储放电功率为 1440kW 的并网变流器；电池梯次利用储放系统配置 2MW×3h 梯次电池储能系统。该站为六条公交车线路提供充换电服务以及为黄岛区乘用车配送站提供集中充电服务。

充电方面，集中充电站共安装 1440 台 3kW 充电机，可同时为 1440 块乘用车电池实现集中充电，可满足每天 1440 车次乘用车电池需求。公交车充换电站可同时为 120 辆公交车电池充电，集中充电站可同时为 360 辆乘用车电池充电。

换电方面，公交车每次换电时间为 6～8min，每天可更换 540 车次，可满足 280 辆公交车充换电需求，占黄岛区公交车总量的 50%以上。在储放功能上，公交车充换电站放电功率 700kW。集中充电站最大储放功率为 4320kW；电池梯次利用储放电功率为 2000kW。可实现在电网用电低谷时存贮电能，在电网用电高峰和紧急情况时向电网释放电量。峰谷调节负荷 7020kW，最大可达 10 520kW，并可在薛家岛充换电站全站停电时作为应急备用电源。在配送功能上，集中充电站配置电池 1440 箱，完全能满足黄岛区 10 个配送站的电池需求。

薛家岛项目是具有完全自主知识产权的充换电站项目，在电池箱自动换电技术以及电池资产全寿命周期管理、新型动力电池箱"智能电池快换设备"电池转运平台和配送系统、直流电能表等取得了重要进展，实现了以智能终端为载体的物联网、交通网和智能电网的"三网融合"。薛家岛示范电站已经成为全国电动公交车推广应用和充换电站建设的亮点和典型，形成了一整套充换电站管理标准，为今后充换电站建设运营提供了可靠的范本。

1. 系统组成

薛家岛电动汽车智能充换储放一体化示范电站主要由薛家岛公交车标准充换

电站、北庄集中充电站、长江路乘用车电池配送站组成，见图 5 - 33、图 5 - 34。

图 5 - 33　薛家岛电站外景图

图 5 - 34　电动汽车智能充换电车

（1）薛家岛公交车标准充换电站。薛家岛公交车标准充换电站占地 4000m²，由充换电车间和综合办公楼组成，总面积 5100m²。充换电车间共配置 3 条公交车道共 6 个换电工位，可满足 540 车次/日的电动公交车的充换电需求；部分工位并配置并网变流器，可实现电池的并网放电。

（2）北庄集中充电站。北庄集中充电站占地面积 3333m²，其中集中充电站建筑面积 1390m²，配套变电站建筑面积 538m²，由 35kV 变电站、乘用车电池集中充电配送区、梯次电池储能区组成。可满足 1440 车次/日乘用车电池配送的需求。乘用车集中充电系统配置最大储放电功率为 1440kW 的并网变流器；电池梯次利用储放系统配置 2MW×3h 梯次电池储能系统，可调控区域电网的电压、潮流和谐波畸变、平抑间歇性电源的功率波动，形成与电网的友好互动，减小充放储电站对电网的负面影响，改善电网电能质量。

（3）长江路乘用车电池配送站。长江东路乘用车电池更换服务站占地面积约为 $234m^2$，布置 3 个乘用车电池更换工位，可同时为 2 辆电动乘用车提供电池更换服务。

2. 系统架构

系统包含了供配电、充放电、换电、视频和安防以及储能等部分，涉及配电设备、充放电机、储能 PCS 设备、电池箱快速更换机器人以及相关的电动汽车和动力电池等诸多设备，系统可提供统一的监控手段和智能化的运行管理技术，实现电动汽车充换电站相关设备的一体化运行。

利用 PRS/3G、WiFi、RFID、以太网等通信手段，将具有身份标识的电动汽车、动力电池、充放电设施、快速换电设备、配电网和储能设备等相关主体进行物物相连，实现全站各个组成部分有机、高效、智能、安全地运行。

薛家岛电动汽车智能充换储放一体化系统总体构成如图 5-35 所示。

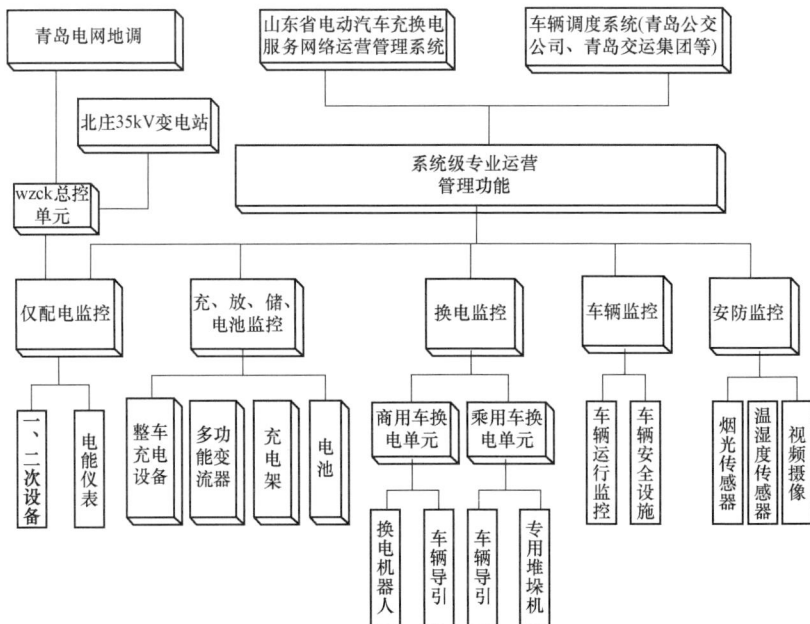

图 5-35　薛家岛电动汽车智能充换储放一体化系统总体构成图

3. 系统功能

（1）充放电系统。充放电系统采用先进的分箱充放电机：设备负荷率高，系统效率可提高 2 个百分点；设备容量利用率高，系统更容易和"充、放、储"一体化控制相结合。

1）充电系统。分箱充电机应具备以下功能：

a）充电模块具有"待机、充电、充满"指示功能。

b）充电模块具有完善的保护功能：稳压、限流运行功能、输入过压、欠压保护、过流保护、输出短路、过压保护、过温保护等。

c）充电模块能够根据电池箱温度自动控制电池箱风扇。

d）充放电系统能够采集电池 BMS、充电架告警等信息，并通过网络管理设备与后台管理系统进行数据交互。

分箱充电机采用全桥移相软开关技术，其工作原理是：4 个主功率开关管的驱动脉冲为占空比不变（$D = 50\%$）的固定频率脉冲。其中，一个桥臂功率开关管的驱动脉冲的相位固定不变，另一个桥臂功率开关管的驱动脉冲的相位是可调的。通过调节该桥臂功率开关管的驱动脉冲的相位，即调节对角桥臂功率开关管在该周期内同时导通时间，来调节直流输出电压。对角桥臂功率开关管在该周期内同时导通时，全桥逆变部分对后一级输出功率。在全桥逆变电路内部存在环流，该环流创造了功率开关管的零电压、零电流开关条件，实现了整个模块的软开关，从而大大减少了功率开关管的电压、电流应力和损耗以及功率开关管在开关状态下产生的 EMI 噪声，提高了整机的可靠性、使用寿命和效率。

2）放电系统。并网变流器应具备以下功能：

a）用于实现电池与电网间能量的可控放电转换。

b）具有并网运行功能。

c）具有恒流放电功能。

d）操作方式为当地监控后台操作。

e）具备自适应放电和保护性放电功能。

f）具有完善的保护系统。

g）每个放电模块可独立设置和管理。

并网放电模块 DC/DC 级采用全桥移相软开关技术，DC/AC 级采用 PWM 单极倍频技术。其工作原理是：DC/DC 级的四个主功率开关管的驱动脉冲为占空比不变（$D = 50\%$）的固定频率脉冲。其中，一个桥臂功率开关管的驱动脉冲的相位固定不变，另一个桥臂功率开关管的驱动脉冲的相位是可调的。通过调节该桥臂功率开关管的驱动脉冲的相位，即调节对角桥臂功率开关管在该周期内同时导通时间，来调节直流输入电流。对角桥臂功率开关管在该周期内同时导通时，全桥逆变部分对后一级输出功率。在全桥逆变电路内部存在环流，该环流创造了功率开关管的零电压、零电流开关条件，实现了整个模块的软开关。DC/AC 级采用高速 DSP 处理芯片，使用软件锁相技术，纯数字化控制，响应速度快，控制精度高，逆变器采用单极倍频技术。由于该模块使用了软开关技术，从而大大减少了功率开关管的电压、电流应力和损耗。大大减少了功率开关管在开关状态下产生的 EMI 噪声。进而提高了整机的可靠性、使用寿命和效率。

（2）换电系统。

1）商用车换电系统。自动多箱快换设备作为电动汽车充电池更换站建设中的关键设备，用于多个电池箱在电动汽车和电池充电架之间的快速、自动更换。该设备适用于电池箱侧装式电动车辆的电池箱更换，工作于条件相对苛刻的半开放式运行环境。

2）乘用车电池配送系统。乘用车电池配送系统是在集中充电站和换电点间实现电池交换的重要环节，主要由乘用车电池集中充电、存储和配送三部分组成。

（3）储能系统。

储能系统的主要功能：

1）梯次利用电动汽车动力电池，提高电动汽车动力电池的利用率。随着电动汽车的逐步推广，将会产生大量不能被电动汽车利用的电池。将其应用于储能系统，有利于进一步提高电池利用率，令电池在整个使用寿命期间达到充分利用，有利于整体降低企业的运营成本。

2）改善电网电源结构，为电网合理规划创造有利条件。储能系统作为分布式电源接入配电网，为青岛市电网提供了新的电源点，随着储能电站逐步增多，将有利于改善青岛市电网的电源结构；同时，通过"移峰填谷"，提高一次设备利用率，降低网损，有利于电网的近远期合理规划。

3）为电动汽车充换储电站的大规模推广应用积累有价值的经验。目前我国建设电动汽车储能电站尚处于初期探索阶段，缺乏经验和积累。初步建成的电动汽车充换储电站示范工程，为电动汽车充换储电站的全面建设积累经验，验证技术路线和相关标准，解决电动汽车作为移动式储能单元与电网能量和信息实现双向互动问题，积极探索电动汽车充换储电站商业化运营模式。

（4）监控与运营管理系统

利用 RFID、传感器、图像识别等物联网技术，通过 GPRS/3G、WiFi、串行总线、CAN 总线、工业以太网等通信手段，将具有身份标识的电动汽车、动力电池、充电设施、换电设备、智能电网等相关主体进行互联。在实现薛家岛电动汽车智能充换储放一体化示范工程运行状态全方位、实时、透明化监控的基础上，通过与上级运营管理、电网调度、公交管理等相关系统的有效互动，为示范站提供包括充、放、储、换一体化运行调度和全面计量计费等在内的智能运营管理。

智能化监控与运营管理的总体功能包括：

1）站内设备运行状态的全方位监控。

2）电动汽车运行状态监视。

3）电动汽车安全运行防护。

4）示范站充、换、储、放一体化综合控制与管理。

5）基于物联网的充换电站车辆导引。

6）全面的计量计费。

7）基于物联网的动力电池全寿命周期管理。

4. 主要技术特点

（1）电动汽车动力电池箱总成。

遵循国家电网公司标准，解决了动力电池箱在电气连接、机械锁止、温度控制、材料阻燃、电池维护等方面存在的问题，使其安全性、可靠性、实用性大幅提高。

（2）电动汽车电池箱更换设备。

四箱批量作业方式，整车换电时间约 6～8min；机械视觉定位和随动控制技术，对车辆停靠要求低；悬挂内旋转方式和 100 多点保护措施，换电动作平稳流畅。具有换电速度快、自适应能力强、安全可靠等特点。

（3）电动乘用汽车动力电池箱自动配送系统。

通过魔方式自动定位、载荷自适应动力衔接、柔性同步升降驱动等技术，实现了成组动力电池箱在充电架、电池转运舱、转运平台、专用配送车之间完整的全自动周转，具有配送效率高、成组匹配等特点。

（4）基于物联网的电动汽车充换电站智能运行调度。

从电动汽车充换电站的实际运行出发，利用物联网技术，对电动汽车、动力电池、换电设备、充电设备自动感知与实时监测，实现对全站运行设备的透明化监控，通过智能的运行调度，实现电动汽车充换电站有序高效运行。

（5）电动汽车动力电池连接器。

采用浮动结构非平面接触的动力与控制信号触头一体化设计，解决了当前动力电池箱连接器磨损快、发热严重并经常出现拉弧烧毁等问题，满足了电池更换方式的电动汽车动力电池箱的电气连接需要。

（6）电动汽车动力电池箱锁止机构。

采用助力连杆方式的锁定装置，确保锁止驱动装置在较小的力的作用下，能够发挥较大的锁紧力，并配以独特的锁止盘防脱装置，满足了动力电池在车辆运行颠簸中不受影响。

（7）电动汽车车载直流电能表。

针对电动汽车专业化设计，在满足测量精度的基础上，能够适应复杂的电磁环境、震动与高污染运行环境，同时实现充换电的特殊计量功能。

（8）电动汽车智能车载终端。

集导航、通信、整车监控、行驶记录、故障侦测、行驶里程与直流电量集抄功能于一身，并实现车辆与后台调度系统的友好互动，完成高级应用功能。

（9）电动汽车充换电站动力电池充放储一体化控制技术。

将电动汽车充换电站与电力储能电站、常规变电站的功能相结合，利用在线电池组、梯次利用电池组和高效双向换流器（PCS），通过系统级能量控制技术，既可以为充换电站提供应急和后备电源，又可以平抑分布式新能源的功率波动，并通过与电网的友好互动，实现有序充电和削峰填谷，减少对电网的影响。

（10）基于电动汽车动力电池特性的均衡充电技术。

在线检测动力电池运行状态，利用串联成组充电接口和均衡维护接口，及时启动均衡策略，确保单体电池电压的一致性，有效提高动力电池的使用寿命。

（11）电动汽车充换电站动力电池全寿命周期管理。

利用物联网技术，将动力电池和与其相关的充电设备、换电设备、电动汽车等相关主体实现物物相连，建立包含动力电池的注册、仓储、充电、换电、使用、配送、检修、维护等环节的全寿命周期管理，实现动力电池在使用过程中的可追踪和可追溯。

（12）电动汽车充换电站运行管理系统与公交运营管理系统的有效互动与综合处理。

通过对充换电站与电动公交公司的统一建模，在两个运行管理系统之间进行有效、及时的信息互动，对电动汽车运行状态、动力电池充放电特性、换电站工控等相关数据实施综合处理，通过必要的统一调度，实现电动公交车与电动汽车充换电站的高效有序运行。

（13）35kV 北庄变电站与公交车充换电站、乘用车集中充电站一体化建设。

解决了公交车充换电站、乘用车集中充电站的用地问题。申请变电站用地时，将电动汽车充换电站用地纳入变电站用地中，解决了统一规划、征地、项目核准等问题。为电动汽车充换电站与变电站一体化建设模式提供成功范例。

（14）配送站与营业厅一体化建设。

营业厅既可以办理售电业务，也可以办理换电业务。配送站可以租赁房屋，可以考虑以直营店、连锁店、加盟店的方式推广电池配送站，扩展电动乘用车换电业务。

（15）公交停车场与电动汽车充换电站一体化建设。

有效利用了公交停车场公交车集中的优势，有利于电动公交车换电的调度管理，避免高峰用电，减少备用电池数量，降低充换电站投资。充换电站建设也可以纳入停车场规划中，使电动公交车充换电站的建设与公交停车场相结合。

（16）电池梯次利用储能站与集中充电站一体化建设。

电池梯次利用储能站实现了电池的梯级利用，最大化电池使用效率。在示范电站全站停电时储能站可以为其提供临时电源，保证示范电站可以断网运行一段时间。公交车充换电站与集中充电站的并网变流系统可以提供部分站内用电。

四、江苏省电动汽车充换电站工程

近年来，随着国家推广力度的不断加大，江苏省电动汽车应用快速发展，至目前，全省应用纯电动汽车超过2万辆。作为江苏省电动汽车充换电服务网络建设的主力军，国网江苏省电力公司自2009年以来，大力推动充电设施建设，积极试点应用整车直流快充、整车交流慢充、大巴车两侧全自动换电、乘用车底盘全自动换电、乘用车半自动换电等多种技术，为全省电动汽车的推广应用起到了积极作用。江苏省电动汽车充换电站工程见图5-36～图5-39。

图5-36　南京夫子庙乘用车充电站

图 5 - 37　扬州吴州路公交车充电站

图 5 - 38　高速公路服务区快充站

1. 充换电服务网络建设情况

截至 2016 年 11 月,全省 13 个地市共建成充换电站 343 座、充电桩 4003 台,已建成充电设施累计充电电量 1700 万 kWh,服务车辆累计行驶里程达 1480 万 km,减排二氧化碳 11 500t,二氧化硫 80t。截至 2016 年年底,建成充电站 135 座,实现省内主要高速公路全覆盖,南京、苏州等重点城市充电设施服务半径小于 3km,初步形成全省电动汽车公共快充网络。国网江苏省电力公司公共充电设施发展情况见表 5 - 1。

图 5 - 39　盐城乘用车底盘换电站

表 5 - 1　　　　　国网江苏省电力公司公共充电设施发展情况

时间 设施 地点	2014 年		2015 年		2016 年	
	充电站（座）	充电桩（个）	充电站（座）	充电桩（个）	充电站（座）	充电桩（个）
南京	19	446	60	793	68	825
苏州	13	386	53	706	86	1284
徐州	6	74	10	90	34	258
无锡	8	209	10	217	32	513
常州	5	137	17	262	39	442
镇江	4	106	4	106	18	198
扬州	5	113	13	161	24	251
泰州	6	106	6	106	17	188
南通	11	101	11	101	36	330
盐城	13	66	13	66	35	234
淮安	5	46	7	54	27	182
宿迁	3	35	3	35	15	115
连云港	6	44	10	60	23	164
合计	104	2028	217	2916	454	5143

国网江苏省电力公司公共充电设施分布和发展情况示意如图 5-40、图 5-41
所示。

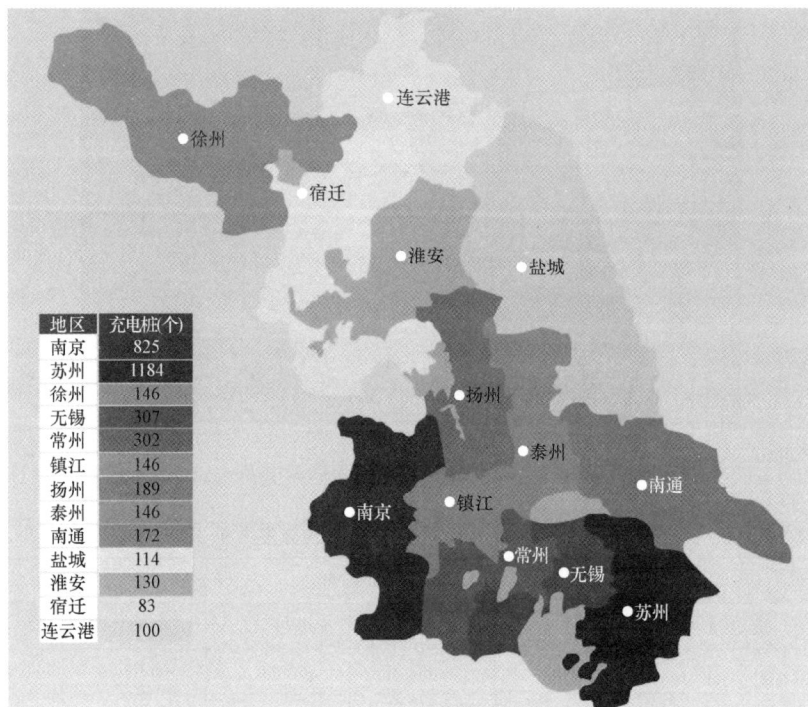

地区	充电桩(个)
南京	825
苏州	1184
徐州	146
无锡	307
常州	302
镇江	146
扬州	189
泰州	146
南通	172
盐城	114
淮安	130
宿迁	83
连云港	100

图 5-40　国网江苏省电力公司公共充电设施分布情况示意

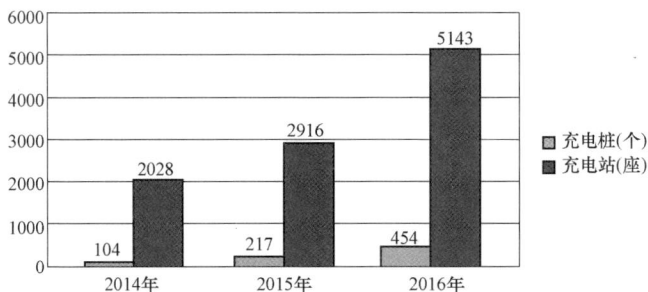

图 5-41　国网江苏省电力公司公共充电设施发展情况

高速公路服务区快充站覆盖高速公路见表 5-2。

表 5 - 2　　　　　　　　　　　高速公路服务区快充站覆盖高速公路

年份（年）	高 速 公 路
2014	京沪高速
2015	沪蓉高速、长深高速、沪陕高速、京台高速、沈海高速等
2016	基本实现省内主要高速全覆盖

2. 统一车联网平台建设情况

累计完成 6100 余台社会充电设施静态信息和 1600 余台社会充电设施动态信息接入车联网平台。有效缓解电动汽车用户找桩难、找桩慢、互动手段少、跨城际出行困难等痛点问题，推动全社会充电设施互联互通。易充电网站和 e 充电手机 APP 见图 5 - 42、图 5 - 43。

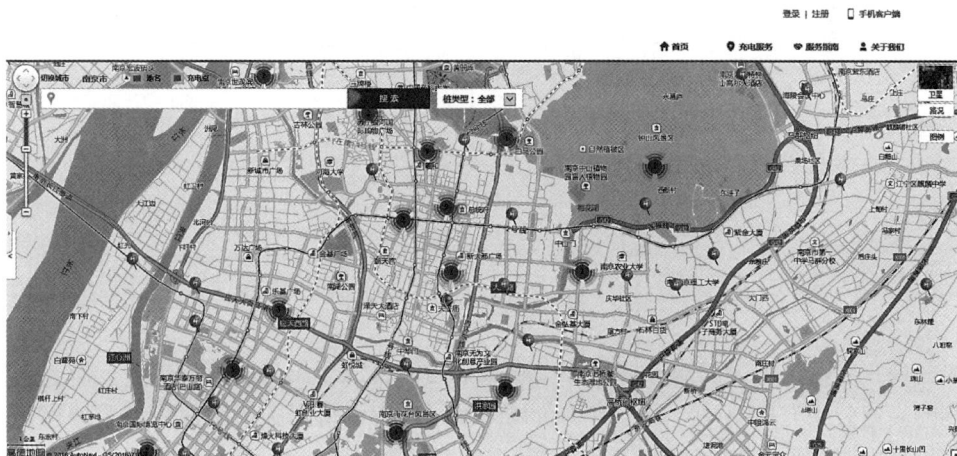

图 5 - 42　易充电网站

3. 营造良好的电动汽车发展环境

（1）严格执行国家对电动汽车充换电设施用电实行扶持性电价政策，对向电网经营企业直接报装接电的经营性集中式充换电设施用电，执行大工业用电价格。2020 年前，暂免收基本电费。其他充电设施按其所在场所执行分类目录电价。

（2）协助江苏省物价局出台了《省物价局关于明确电动汽车充换电设施用电价格和服务价格的通知》，明确全省电动汽车充换电设施服务价格按照收取不高于用油成本费用的原则确定。

图 5-43　e 充电手机 APP 截图

（3）规范高速公路服务区快充站收费，为电动汽车用户营造规范、一致、便利的高速公路充电感受，配合省物价局印发了《省物价局关于高速公路服务区快充站充电服务价格的复函（苏价工函〔2015〕10 号)》，明确全省快充站充电服务费为不高于 1.6 元/kWh。

（4）优化充电设施业扩报装管理，大幅简化业务申请材料，缩短办理时间，助力全社会充电设施发展。

五、特拉华大学 Grid on wheels 工程

Grid on wheels 是对 V2G（见本书第七章第二节）具体实现的示范工程，包括宝马、Auto Port 和 PJM 多家公司与特拉华大学（University of Delaware，UD）合作参与其中。该项目基于 UD 研制的一整套系统电动汽车的充放电进行管理，监测电动汽车状态以及实现能量的合理流动；通过电动汽车电池、充电器和充电基础设施从开放辅助市场获得收益。为了实现项目要求 UD 向以车辆处理

与改装闻名的 AutoPort 公司提供了 60 辆汽车，经 AutoPort 改装后可直接连接到电网。图 5 - 44 为特拉华大学设立的 15 辆 MINI - E 充电点，每天可从 PJM 结算赚取 5 美元，实际收益显著。

图 5 - 44　特拉华大学 Grid on wheels 充电点

Grid on wheels 是指通过适当控制电动汽车充放电来实现与电网互动。由于电动汽车的车载动力电池相当于移动的储能装置，当电网出力较多时，电网向电动汽车电池充电；当电网能量处于低谷时，停用的电动汽车便可以通过变流器向电网馈能，从而打破了传统电动汽车只能从电网侧获取能量的惯例，实现了电动汽车与电网之间能量的双向流动。

该项目核心技术的实现是宝马公司生产的第一款纯电动汽车 MINI - E。该车是宝马公司为特拉华大学的 Grid on wheels 项目量身打造的，满足零排放要求见图 5 - 45。配有高性能的锂电池并由一台最大功率 150kW 的电机驱动，最大扭矩可达 220N·m，百公里加速为 8.5s，最高时速限定在 152km/h。储能电池选取高能量密度的锂电池同时为了获取较大的储能容量，MINI - E 将传统 4 座变为 2 座以尽可能多地安放储能电池。锂电池共有 3 组，总容量为 35kWh，输出直流

图 5 - 45　Grid on wheels 项目的 MINI - E 纯电动汽车

电压 380V。电池组共由 48 个电池块构成，而电池块则由 5088 个电池单元组成。汽车减速时采用向电池馈能制动的方式以减少刹车器的使用。汽车配有额定功率 18kW 双向充电器，用来实现电网与储能电池之间能量的双向流动。

参 考 文 献

[1] 许晓慧，徐石明. 电动汽车及充换电技术 [M]. 北京：中国电力出版社，2012.

[2] 回顾电动汽车百年发展. http://news. xinhuanet. com/info/2016‐01/02/c_134970882_13. htm.

[3] 丁孝华. 智能电网与电动汽车 [M]. 北京：中国电力出版社，2014.

[4] 电动汽车充电基础设施发展指南. http://www. sdpc. gov. cn/zcfb/zcfbtz/201511/t20151117_758762. html.

[5] 李斌，刘畅，陈企楚，林晶怡，邓小元. 电动汽车无线充电技术 [J]，江苏电机工程，2013.1.

[6] 赵兴福，魏健. 电动汽车无线充电技术的现状与展望 [J]，2012.6.

[7] 王振亚，王学梅，张波，丘东元. 电动汽车无线充电技术的研究进展 [J]，电源学报，2014，5.

第六章

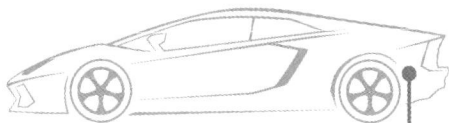

充电设施安全和互联互通技术

第一节 电动汽车充电安全技术

在电动汽车充电桩的发展过程中，安全问题涉及方方面面，不仅仅是设备安全的保护，包括使用过程的安全保护，对电动汽车的安全保护，对使用人的安全保护以及对客户信息安全的保护[1]。

一、安全等级

依据 GB/T 28001—2011《职业健康安全管理体系要求》，安全是指"免除了不可接受的损害风险的状态"。基于安全问题引发的后果，将安全问题定义为三个级别：

1 级：人的安全；

2 级：设施及财产安全；

3 级：充电桩本体安全。

基于以上安全等级的定义，对应三道安全防护：第一道防护保障人身安全；第二防护保障汽车和周边设施；第三道防护保障充电设施。

第一道防护主要考虑对人的保护，不仅包括充电的车主，还包括与充电设施工作紧密相关的人，如工程服务人员、验收人员、维护人员、计量检定人员，甚至是保洁员等。此外，还应包括可能接触到充电桩的人，如周边居民，尤其是儿童可能将充电桩当成玩具，这是非常危险的。

第二道防护主要考虑重大财产损失，首先考虑电动汽车的安全，同时要考虑周边设施、车辆的安全，甚至包括周边建筑、财产的损失。第二道防线也至关重要，如若处理不好则有可能引发重大人身、财产事故，因此需要特别重视。当然，蓄意利用充电设施作为武器、工具进行的恶意行动而造成的安全后果不在此列，同时由于不可抗力因素而造成的安全后果也不在此列。

第三道防护主要考虑充电设施自身的安全，保护财产不受损害。

充电设施一定要按照三道防线的优先级和重要性考虑防护措施，当然安全也不仅仅是充电设施和汽车的事情，还有对周边设施、环境的安全要求，本书不深入讨论这种情况。

二、影响充电安全的因素

GB/T 27930—2015《电动汽车非车载充电机与电池管理系统的通信协议》；附录 C 中的充电故障分类和处理方式，为充电安全提出了处理依据。

1. 绝缘问题与充电安全

良好的绝缘对于保证电气设备与线路的安全运行，防止人身触电事故的发生是最基本和最可靠的手段。故障处理与充电安全措施见表 6 - 1。

表 6 - 1　　　　　　　　　　　故障处理与充电安全措施

故障分类	参数描述	安全措施
人身安全级别故障	绝缘故障； 漏电故障； 急停故障	充电机立即停机停用（等待专业维护人员维修）
设备安全级别故障	连接器故障（导引电路检测到故障）； BMS 元件、输出连接器过温； 电池组温度过高； 电池单体电压过低、单体电压过高； BMS 检测到充电电流过大，或充电电压异常； 充电机检测到充电电流不匹配，或充电电压异常； 充电机内部过温； 充电机电量不能传送	停止本次充电，并做好故障记录（需重新插拔充电电缆后，才能进行下一次充电）
告警提示级别故障	充电握手阶段、配置阶段的超时、充电过程超时； 充电结束超时	中止充电，待故障现象排除后自动恢复充电（检测到故障状态解除后，重新通信握手开始充电）

（1）外壳防护能力。

在 GB/T 18487.1—2015《电动汽车传导充电系统　第 1 部分：通用要求》第 7.2 节中规定：所有充电模式下，外壳的防护等级为 IP××C。最后一个字母 C 表示是否会给使用工具带来危害（A 表示手背，B 表示手指，C 表示工具，D 表示金属线）。另外对连接器在连接和非连接状态下的防护也有考虑。

图 6-1 为两种直流充电连接器的插头，左边正负充电极有绝缘帽保护，而右边的正负充电极外边则是金属。右边的插头不满足 IPXXB 级的防护要求，因为人的手指能触碰到充电极。

图 6-1　两种直流充电连接器插头

（2）电气间隙和爬电距离。

在 GB/T 18487.1 第 10.4 节中有对应的要求，主要是考虑产品在设计、安装工艺等方面，设备运行可能出现的因过电压造成绝缘击穿，从而导致设备工作异常或损坏。

（3）介电强度。

介电强度是衡量材料作为绝缘体时的抗电强度的量度。验证绝缘材料最高介电强度时，它定义为绝缘材料所能承受的最低击穿电压。绝缘材料所能承受的介电强度越高，它作为绝缘体的抗电强度就越好。GB/T 18487.1 第 11.4 节规定了绝缘材料在充电设备中使用时，其介电强度必须达到基本要求。

（4）绝缘电阻。

充电设备内部电路分为多个带电回路，有相对较低的安全电压，也有近千伏的危险电压，不同电压等级、不同功能的电气回路之间以及各带电回路对地是需要隔离的（部分电路与地之间形成特殊功能的回路除外，如防雷器，用于对地过电压保护的压敏电阻、气体放电管，测量对地阻抗的绝缘监测回路等）。无电气联系的各回路对地以及无电气联系的各回路之间隔离的方法一般从两方面来解决：一是采用足够的电气间隙和爬电距离；二是使用满足稳态和瞬态过电压要求的绝缘材料。

在正常环境、潮湿环境、高原低气压环境等各种现场使用可能出现的特殊环境中，要保障设备绝缘电阻满足功能要求、性能要求和安全要求，就需要对绝缘电阻进行测试考察。一旦人接触到充电设备可导电的金属外壳时，安全如何保障？在一定的测试电压下绝缘电阻值越大，人员触及通过绝缘材料隔离的可导电金属外壳就越安全。绝缘电阻值的大小是评估电气设备和电气线路安全最重要的一项指标。GB/T 18487.1 第 11.3 节中规定了绝缘电阻不能小于 10MΩ，这个要求是对充电设备绝缘电阻的最低要求。

（5）接触电流。

接触电流是指当人体或动物接触一个或多个装置的或设备的可触及零部件时，流过他们身体的电流。接触电流的测量则是通过测量流经网络（代表人体阻抗）的电流值来实现的。接触电流超过了人体所能承受的限值，可能对人体造成不适或者伤害时，必须要采取保护措施来防止对人体造成触电伤害。GB/T 18487.1 第 11.2 节中规定了相应的要求，详细的测量方法可参考 GB/T 12113—2003 和 IEC 60990：1999。

（6）冲击耐压。

绝缘能力是一个双向的安全性能，一方面是设备正常工作时，对外部造成的影响，另一方面就是外部的过电压等对设备内部器件的影响。

冲击耐压的测试电压采用波形参数为 $1.2/50\mu s$ 的标准雷电波，按照 GB/T 18487.1 第 11.5 节规定的开路电压分别进行正负极性的测试。需要注意的是冲击耐压与电磁兼容试验中的浪涌（冲击）抗扰度试验是不同的：从原理上来讲，浪涌测试同样采用波形参数为 $1.2/50\mu s$ 的浪涌（冲击）波形，但与冲击耐压的电压等级不同；从测试项目考察的内容来讲，浪涌是为了考核的是设备运行过程中，出现浪涌（冲击）时，设备是否能够抵抗外来的干扰，而冲击耐压则是为了验证装置无电气联系的各回路之间以及无电气联系的各回路对地的电气间隙、绝缘介质是否会在这种瞬时过电压时绝缘击穿或产生放电现象。不同的额定绝缘电压的回路验证冲击耐压时，应采用表 6 - 2 规定的电压进行测试，即在外界雷电波造成的短时冲击电压情况下，反应充电设施的防护能力的指标。

表 6 - 2　　　　　　　　　　　绝缘试验的试验电压

额定绝缘电压（V）	绝缘电阻测试仪器的电压（V）	介电强度试验电压（V）	冲击耐压试验电压（kV）
≤60	250	1000（1400）	1
$60<U_1\leqslant300$	500	2000（2800）	±2.5
$30<U_1\leqslant700$	1000	2400（3360）	±6

额定绝缘电压（V）	绝缘电阻测试仪器的电压（V）	介电强度试验电压（V）	冲击耐压试验电压（kV）
$700 < U_1 \leqslant 950$	1000	$2 \times U_1 + 1000$ $(2.8 \times U_1 + 1400)$	± 6

注 1. 括号内数据为直流介电强度试验值。
　　2. 出厂试验时，介电强度试验允许试验电压高于表中规定的10%，试验时间1s。

表6-2中加星号的数值，标准中定义了额定电压大于300V的直流充电机，冲击耐压的试验电压使用±6kV，而在冲击耐压试验的IEC标准和国家标准中，试验电压值为12kV，表述方式没有采用±12kV的方式，而是在试验方法中提到了正、负方向都是12kV，因此应该是在GB/T 18487.1制定过程中，直接将原来的12kV改写成±6kV所致。

2. 环境对充电安全的影响

上面分析了正常条件下充电设施的本体安全问题，实际上，充电设施在使用过程中需要经历春夏秋冬、风霜雨雪等不同的天气和应用环境。电工产品绝缘的使用期受到多种因素（如温度、电和机械的应力、振动、有害气体、化学物质、潮湿、灰尘和辐照等）的影响，而温度通常是对绝缘材料和绝缘结构老化起支配作用的因素。

NB/T 33001—2010《电动汽车非车载传导式充电机技术条件》第7.3节规定了耐环境要求，涉及"三防"（防潮湿、防霉变、防盐雾）、放锈（防氧化）、防风和防盗保护问题。其中，三防对于设施的印刷线路板和接插件比较重要，主要是防霉菌、防潮湿、防盐雾。其中，盐雾与设备电器元件的金属物发生化学反应会使原有载流面积减小，生成的氧化合物则会使电气触点接触不良，这将导致电气设备故障或毁坏。三防除了防止绝缘等电性能下降外，也有防止机械性能下降的作用。

GB/T 18487.1第14.1.4条也体现了对应用环境的要求，但就目前检测而言，都是按2km以下海拔考虑的。实际上，中国有很多地区的海拔高度超过2km，如果不考虑这个因素，把充电桩安装在2km以上地区，很有可能出现绝缘击穿问题，损坏设备或者伤人。针对这些应用场景，必须按照GB/T 16935.1—2008《低压系统内设备的绝缘配合　第1部分：原理、要求和试验》的要求进行折算。

3. 保护措施对充电安全的影响

当系统运行过程中有异常情况发生时，必要的保护措施可以实现充电设施的安全运行。

要进行保护,首先是监测,在绝缘监测方面,GB/T 18487.1—2015 附录 B 规定了充电机的绝缘监测功能,防止在绝缘破坏的情况下,设备带病运行。此外,NB/T 33001 第 6.3 节也引用了绝缘监测功能。

除了明显的保护措施外,一些对充电设施的应用要求也体现了安全的考虑。以 GB/T 18487.1 第 11.6 节(温度要求)的极限温升和允许表面温度要求为例,极限温升主要防止过高温度带来绝缘材料老化加速,影响绝缘效果,给人体和设备带来危害。而允许表面温度除了有绝缘材料老化问题外,还有对人体的伤害问题。标准除了对温升有要求外,还对温度异常采取了保护措施,比如 NB/T 33001 标准第 6.11 节建议车辆插头具备温度监测功能,当监测到车辆插头温度超过允许值时,充电机宜停止充电并发出告警提示,防止充电过程中,由于车辆插头接触不佳导致温度异常,给绝缘造成破坏,甚至引发火灾。

有了监测功能的配合,在系统出现异常的情况下,就可以采取保护措施。NB/T 33001 第 7.6 节规定了 15 个安全要求,见表 6-3,详细说明了系统在不同的运行异常情况下,应该采取的保护措施。

对于充电桩的急停按钮,有些运营公司工作人员认为没有必要设置急停按钮;也有人提议急停按钮最好能远程遥控恢复。在没有危险的情况下可行,但是当危险发生时,没有急停按钮,危险会迅速蔓延,或者在危险尚未恢复的情况下,远程遥控恢复会给安全带来无法预知的危害。目前对于采用充电模式 4 的充电设备,在 GB/T 18487.1 第 13 节明确规定了应在电动汽车供电设备上安装急停装置,并且具备防止误操作的措施。

表 6-3　　　　　　　　　NB/T 33001 规定的 15 个安全要求

异常状态	保护措施
电源输入端过、欠压保护	
输出过压保护	停止充电
输出过载和短路保护	跳断路器、熔断器、停止充电
内部过温保护	降功率或停止充电
开门保护	应同时切断动力电源输入和对电动汽车的充电输出

続表

	异常状态	保护措施
急停保护	启动急停开关；保护接地线断开；连接检测信号线断开	应能在 100ms 内断开直流输出接触器
防输入冲击电流		
防车辆冲击电流		
车辆电池电压监测	蓄电池反接；检测电压与通信报文电池电压之差的绝对值大于通信报文电池电压的 5%；检测电压小于充电机最低输出电压或大于充电机最高输出电压	充电机应停止启动过程并发出告警提示
动力蓄电池保护功能	在充电过程中，当检测到输出电压超出车辆 BCP 报文中最高允许电压或者 BHM 报文中最高电压；当接收到的 BSM 报文中蓄电池单体温度超出 BCP 报文中最高允许单体温度时；接收到的 BCS 报文中蓄电池单体电压超出 BCP 报文中最高允许单体电压时	应停止充电并告警；宜停止充电并告警；宜停止充电并告警
防逆流功能		
直流接触器触点烧结		充电机应停止充电功能并发出告警提示
通信中断		应停止充电
状态指示和文字提示		
蓄电防护		

4. 通信协议对直流充电安全的影响

与交流电慢充相比，电动汽车直流快速充电采用非车载充电机供电的形式，非车载充电机功率大，输出电压最大近千伏、电流上百安培，从 GB/T 27930《电动汽车非车载充电机与电池管理系统的通信协议》可以看出，整个充电过程受电动汽车的 BMS 控制，充电机根据 BMS 的指令进行充电，而 BMS 需要与充电机协商实时调整充电机输出的电压和电流等充电参数，以及充电停止等控制。因此，在直流电过程中，通信协议就与充电安全密切相关。通信协议通过约束充电设施和车辆电池管理系统的行为来保证充电安全。

129

整个充电流程共分 4 个充电阶段分别是低压辅助上电及充电握手阶段、充电参数配置阶段、充电阶段、充电结束阶段，有效保证充电过程的安全有序进行。流程共包含 28 个应用层报文包括 13 个 BMS 报文，9 个充电机报文，6 个故障诊断功能专有报文，部分应用层报文描述见表 6-4。

下面的案例是在充电桩型式试验中发现的现象：试验过程中，测试工具用 BSM 报文给充电桩发送暂停充电请求，充电桩在接收到这个命令后，没有执行暂停输出操作，而是继续输出充电电流。在这种情况下，BMS 有可能工作在异常情况下，有发生无法预知危害的可能，BMS 请求充电暂停未得到响应的通信过程见表 6-5。

表面上看，似乎是充电桩设计缺陷导致这种安全事故的发生，实际上，这只是其中的一个条件。因为在充电机和 BMS 的设计中考虑了各种异常情况下的保护措施，如在充电汽车的充电系统设计中，考虑到接触器在异常情况下，由 BMS 控制切断充电回路，起到对汽车的保护作用，只有在 BMS 的保护机制失灵的情况下，上述充电机缺陷才会引起安全事故。

三、尚需研究的课题

安全问题是一个涉及多种技术学科，多维度的科学问题，在安全性问题上，还有一些问题需要进一步研究透彻。

1. 绝缘材料的寿命

电动汽车发展刚刚起步，还缺乏一些与寿命相关的经验，对于一些要求使用 10 年甚至是更长时间的设备，需要提前研究绝缘性能等安全因素与时间的关系，因为风险不单是目测可以发现的。不然，一旦这些安全指标随时间逐渐下降，导致触电、设备损坏等危险概率增加，就容易引起事故。

绝缘性能随着时间而发生的不可逆下降，称为绝缘老化。在老化过程中，绝缘性能降低到规定的容许范围之下所需要的时间通常称为绝缘的寿命。

绝缘老化的表现形式是多方面的，如介质损耗角正切的增加、击穿强度的降低、机械强度或其他性能的降低等。造成绝缘老化的原因很复杂，包括电老化、热老化、化学老化、机械老化以及受潮及污染等。这些原因可能在绝缘中同时存在，或从一种老化形式转变为另一种形式，往往很难互相加以分开。

GB/T 11021—2014《电气绝缘　耐热性分级》中定义了绝缘材料的耐热性分级，充电机的技术标准中也定义了温升要求，但是这种要求不够完整，应该是材质与耐热性等级配合使用，才能保证绝缘性能。因此，需要对电动汽车充电设施中的关键绝缘材料开展寿命试验，可以通过加速老化试验获得相应的寿命曲线，起到安全预防的作用。

表6-4 部分应用层报文描述

报文代码	报文描述	安全级别	安全因素
BHM	车辆握手	2级	最高允许充电总电压如果设置错误，可能会造成设备损坏
BRO	电池充电准备就绪		不正确地输出充电准备就绪报文，可能导致电池在没有准备好的情况下，充电机开始充电
BCL	电池充电需求		异常的电池充电需求，例如超过BMS实际承受电压的电压需求值，可能导致汽车电池损坏
BSM	动力蓄电池状态信息		蓄电池状态和充电允许标志的设置很重要，如果在不能充电的情况下充电允许标志保持在"允许"状态，可能造成安全隐患
BMV BMT	单体动力蓄电池电压 动力蓄电池温度		当蓄电池电压和温度异常时，BMS应该可以处理，但是如果BMS没有相应的处理，充电机监视到这个信息后，如何应对没有明确要求，如果充电机可以停止充电，则可以多一道保护
BST	BMS中止充电		中止充电报文如果不能正确发出，会导致电池过充

表6-5 BMS请求充电暂停未得到响应的通信过程

报文时刻	报文方向	报文内容	报文解释
15:29:48:776	BMS→充电机	10 09 00 02 FF 00 11 00	
15:29:48:776	充电机→BMS	11 02 01 FF FF 00 11 00	
15:29:48:776	BMS→充电机	A0 0F 3C 0F 01	
15:29:48:791	BMS→充电机	01 82 01 6E 02 00 C0	BMS通过BSM报文申请停止输出，报文最后一个字节"C0"表示停止输出的意思
15:29:48:791	BMS→充电机	01 A0 0F 9E 0F 98 08 32	
15:29:48:791	BMS→充电机	02 2C 01 FF FF FF FF FF	
15:29:48:791	充电机→BMS	13 09 00 02 FF 00 11 00	
15:29:48:807	充电机→BMS	04 0A A0 0F 00 00 FD FF	充电机正常输出，没有响应BMS的请求

2. 绝缘监测和评估技术

对于无法准确计算或者评估器件安全能力的情况，如绝缘水平，可以通过实时自检的方式监测运行情况，一旦发现危险情况，立刻执行保护。目前 GB/T 18487.1—2015 中的附录 B 介绍了充电系统的绝缘监测方法，近期在互操作研究中发现，汽车端的绝缘监测受到充电桩一侧 Y 电容的影响，如果充电桩电容过大会导致绝缘监测误报。

3. 通信协议的安全性试验

在目前的型式试验中，通信协议一致性测试主要是验证通信兼容性，尚未考虑通信协议中各种参数设置给充电过程带来的影响。那么，是否存某些通信异常情况，使充电机程序进入死锁状态，出现无法停止输出等情况呢？这需要我们进一步开展研究。

此外，信息安全也需要加强思考和研究。有人认为通信协议中某些信息安全参数的设置纯粹是为了试验，在实际使用过程中不会出现类似情况，这种观点是不正确和比较危险的。在有黑客主动攻击的情况下，小概率事件会立刻成为大概率事件，届时，一辆辆电动汽车很可能就是一个个小炸弹，后果可想而知。

4. 安全性试验方法研究

目前的产品试验方法虽有安全相关的检验项目，但在环境试验方面仍存在不足。GB/T 33587—2017《充电电气系统与设备安全导则》，高低温、湿热试验部分的试验方法参考了 GB/T 2423.1[11]、GB/T 2423.2[12]、GB/T 2423.4[13]，主要验证在不同环境下产品的功能、性能是否满足要求。从安全性角度看，有必要验证不同环境下的安全性能。

除型式试验外，现场安全验收也至关重要，对降低实际充电安全风险意义重大。现场验收需要关注产品原材料、生产制造环节的质量管控，也需要考虑运输、安装等工作是否会造成或者带来新的安全隐患，还需要考虑充电桩安装方式是否满足安全要求，比如充电桩安装的高度问题，安装的场所是否满足设备使用要求，接地问题等。

电动汽车充电安全是一项最基本的要求，随着大功率充电、无线充电、群充电等新技术的不断发展和进步，安全的要素也在不断变化，因此充电安全问题的研究是一项长期工作。从事电动汽车充电研究的工程师，可以参考本文提出的安全问题分析模型，踏踏实实地做好安全性研究，为电动汽车健康、有序发展奠定技术基础。

第二节　电动汽车充电服务互联互通技术

一、互联互通的主要内容

针对电动汽车充电设施互联互通，国外开展的工作聚焦于运营网络，对于电动汽车发展起到了积极作用。美国充电设施运营公司 ChargePoint 建设了电动汽车充电运营服务平台，提供了充电信息服务和增值服务；法国 Autolib、德国 car2go 通过推广电动汽车分时租赁建设城市充电设施网络，解决分时租赁车辆的充电问题。目前国外针对互联互通的工作主要解决充电运营层面问题，都是为各自网络内电动汽车充电需求提供服务，各系统之间相互独立。

和国外类似，国内针对电动汽车充电设施互联互通技术研究主要集中于运营层面。国家电网公司先后建设了充电设施运行监控系统、运营服务平台，正在实施国家电网公司系统内充电设施的互联；特斯拉中国公司、比亚迪、北汽等厂商也各自建立了充电服务平台，主要为各自生产、运营的电动汽车提供充电服务。目前各充电服务网络间尚未实现互联互通，且缺乏统一的标准规范，使得电池、充电与供电等方面难以协同工作以实现一体化安全评估和控制。

通过调研国内外充电服务设施，以及相关的设备标准，在充电运营商服务网络实现互联互通，至少包含三个层面的内容：第一是充电设施与车辆接口的互联互通，包含了连接器的结构、电气能力、工作逻辑的兼容性；第二是充电服务的信息的互联互通，充电设施服务商通过该接口将充电设施的服务信息，如场站信息，设备信息等，共享给相关的其他平台，使其他相关方能够获取到服务商的设施情况；第三是运营商与其他运营服务商之间的充电业务互相的调用，提供更广泛的服务，即实现充电动汽车使用者的漫游充电。

基于以上的互联互通服务内容，基本的技术路线是通过制定相关的接口标准，规范统一接口的应用和信息的交互与功能的调用。

二、互联互通的技术路线

充电设施与车辆接口互联互通，是为了实现充电设施广泛适应性，以及安全保护必要措施的一致性。在参考 IEC 61851 相关部分的基础上，结合 GB/T 18487.1 和 GB/T 20234 系列标准、GB/T 27930 等 5 项主要接口标准，由国家标准化委员会工作组牵头，广泛征集行业内相关机构与充电设施企业的意见，进行了关键性的修订，于 2015 年 12 月颁布最新版本。

充电服务运营商充电服务信息和支付的互联互通，在国际上还没有可参考的标准。我国作为电动汽车的最大市场，充电服务运营服务与欧美国家相对成熟的标准体系还存在一定差距。电动汽车充电设施行业经过这几年来的发展，其标准化体系在国标委组织和行业内企业的积极参与下，已逐步建立和完善，形成了以国家标准和行业标准为主导，以团体标准为先行先试的格局。在国内主要充电运营商的参与下，中国电力企业联合会团体标准 T/CEC《电动汽车充换电服务信息交换》系列标准已发布，它将为信息互联互通提供规范和依据。

《电动汽车充换电服务信息交换》包含《第 1 部分：总则》、《第 2 部分：公共信息交换规范》、《第 3 部分：业务信息交换规范》和《第 4 部分：数据传输与安全》4 个系列，分别从体系框架、公共信息、业务信息以及传输安全性方面，提出了统一的技术规范，并开始在中国充电设施促进联盟成员企业内部推广和试点实施。

基于标准的技术规范是建立电动汽车互联互通基础，但是真正要实现互联互通并非易事。不同运营商的服务模式的差异性，用户对于计费方式的接受程度，以及运营商之间商务合作模式，这些问题对开展运营服务互联互通带来很多挑战。在行业管理与公共服务方面，不同地区对管理的要求有也不尽相同，公共平台有技术规范后，还需要通过技术开发和资源投入去实现。

三、互联互通的主要功能

通过电动汽车充电设施互联互通网络互动关键技术的研究，综合运用互联网、物联网和云计算等技术，研制电动汽车充电服务网络互动平台，拓展充电网络的服务内容，提升服务品质，通过网页、手机 APP、车载终端、微信等多种方式为不同行业电动汽车用户提供友好、互动的服务，提升充电设施互联互通网络的运营效率和服务价值。开发出功能完备，质量可靠，性能优越的支持互动的双直流一体式充电机，积极响应国家电网公司下发的《关于开展智能一体式充电机设备研制的通知》，遵循"主导快充、兼顾慢充、引导换电、经济实用"的充电设施互联互通设施建设原则，加快研发智能充电桩，满足智能一体式快慢充、能量信息双向互动等多样需求；同时瞄准电动汽车生产商关于充电设施技术的需求前沿，切实解决电动汽车充电速度与充电经济性的协调难题，为电动汽车的运营提供更完善的服务保障。

以电动汽车充设施安全运行为基础，按照"资源重用、信息共享、互动服务、提高效率、统一标准"的规划原则，通过融合互联网、物联网、智能交通等领域的前沿技术，在对第三方运营商托管充换电设施实现运维监控的基础上，通过与产业链各方共享信息数据，并进行挖掘为各类用户提供专属服务，有效推动电汽车产业的发展，有效推动电汽车产业的发展，进一步加强电动汽车用户与电网的互动水平。

第三节　基于互联互通的电动汽车基础设施标准优化

作为服务电动汽车发展的基础性设施，充换电设施建设运营规模化、标准化、高效化，是电动汽车推广[6]应用的可靠保障和重要基础。充电设施之间的互联互通涉及三个层面问题：①电动汽车和充电设施的匹配，新国标规定的充电接口及通信协议解决的就是这个问题；②信息的互联互通，解决的是不同运营商之间的信息传递问题，旨在打破信息孤岛；③支付的互联互通，解决不同运营商之间身份识别的问题。综上，充电接口和通信协议是整个电动汽车充电设施互联互通的基础和核心，只有电动汽车和充电设施互联，信息和支付才能互通。

按照系统、通用、高效和兼容的设计思路和原则，通过研究充电接口、通信协议及充电系统的关键技术，结合充电设施建设运行的实践经验，在物理尺寸、电气性能、防护等级和主动监测等方面对原有标准进行优化设计，提升了充换电设施的安全性、兼容性和可靠性。新标准于 2015 年 12 月 28 日发布，主要有GB/T 18487.1—2015《电动汽车传导充电系统　第 1 部分：通用要求》、GB/T 20234—2015（所有部分）《电动汽车传导充电连接装置》、GB/T 27930—2015《电动汽车非车载传导充电机和电池管理系统之间的通信协议》。

一、充电设施互联互通基础标准

接口标准规定了充电接口的额定值、技术要求、试验方法和检验规则，同时规定了交流充电接口尺寸和直流充电接口尺寸。

通信标准规定了充电设备和电动汽车之间的通信协议，其中直流通信采用基于 CAN 的数字通信技术路线，交流通信采用 PWM 模拟信号。

系统标准规定了电动汽车传导充电系统分类、通信、电击防护、电动汽车和供电设备之间的连接、车辆接口和供电接口的特殊要求、供电设备结构要求、性能要求、过载保护和短路保护等。适用于为电动汽车非车载传导充电的电动汽车供电设备，包括交流充电桩、非车载充电机、电动汽车充电用连接装置等。

二、接口和通信标准优化设计

《指导意见》与《发展指南》作为我国充电基础设施产业的顶层设计，是行业的一个重要里程碑。随着顶层设计逐步落地以及进一步发挥地方政府与企业的"首创精神"，未来几年内我国有望形成系统全面、上下贯通、协同高效的充电基础设施[13]产业政策体系，为产业持续快速发展提供强有力的政策保障。

1. 物理尺寸优化

通过细化和补充机械锁尺寸，调整机械锁高度，增加机械锁与 S3 开关联动工作高度，调整插座机械锁口深度等来解决电子锁未解锁时插头可能拔出带来的风险问题。交流充电车辆接口尺寸如图 6-2 所示。

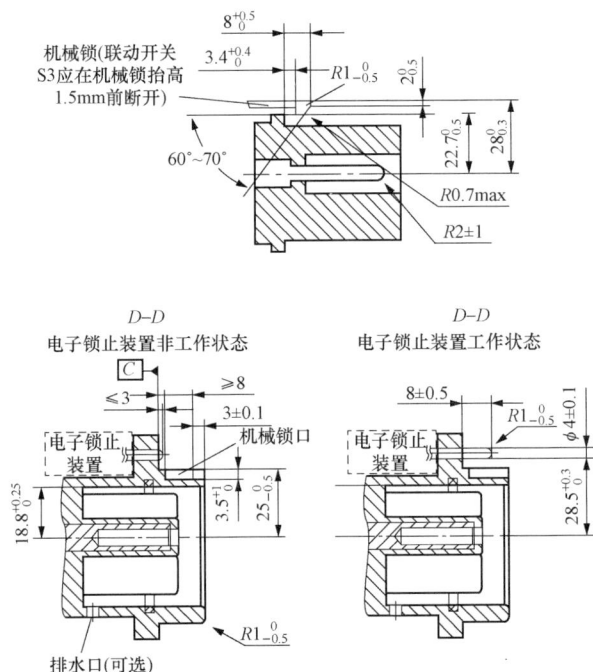

图 6-2 交流充电车辆接口尺寸图

2. 电气性能优化

交流充电 PWM 占空比曲线与 IEC 基本保持一致，并根据国内三相交流电的实际情况保障电网安全，调整最大充电电流为 63A。交流充电 PWM 占空曲线如

图 6-3 所示。

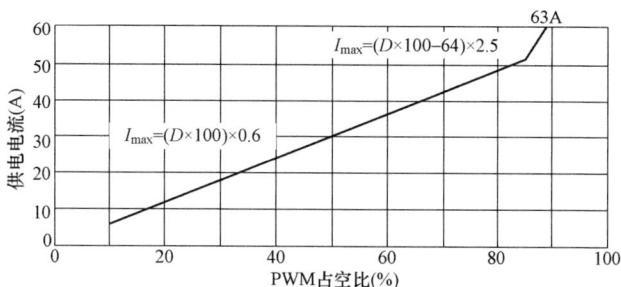

图 6-3　交流充电 PWM 占空曲线图

3. 控制时序优化

直流充电控制时序对机械锁、电子锁、辅助电源、初始数据交换、绝缘监测和泄放电路等动作进行了优化。特别规定了充电前由充电机负责充电机内部（含充电电缆）的绝缘检查；充电过程期间，由电动汽车负责整个系统的绝缘检查。充电直流回路 DC+、PE 之间的绝缘电阻，与 DC−、PE 之间的绝缘电阻两者取小值 R，当 $R>500\Omega/V$ 视为安全；$100\Omega/V<R\leqslant500\Omega/V$ 时，宜进行绝缘异常报警，但仍可正常充电；$R\leqslant100\Omega/V$ 视为绝缘故障，应停止充电。直流充电连接控制时序如图 6-4 所示。

4. 检测预警优化

考虑到不同接口供应商之间插头插座互插引起的公差变化，以及长期使用过程中积尘导致接口电阻变大等问题，规定额定充电电流大于 16A 的应用场合，供电插座、车辆插座均应设置温度监控装置，供电设备和电动汽车应具备温度监测和过温保护功能，防止接口过温引起的设备损坏和火灾等事故。充电接口温度监控设备安装见图 6-5。

5. 通信协议优化

为保障直流充电过程的安全性和兼容性，对充电通信流程进行重新设计，引入了通信初始握手过程，增加通信握手报文 CHM 和 BHM，在初始数据交换时充电机和 BMS 交互通信[14]协议版本和最高允许充电总电压。充电握手阶段报文分类见表 6-6，PGN9728 及 PGN9984 报文格式见表 6-7 和表 6-8。

信号/信息 系统条件	发射方	未连接	初始化和数据交互阶段	能量传输阶段	关闭阶段
时间	电动汽车 充电机		T0 T1 T2 T2' T3 T4 T5 T6 T7 T8 T9 T10 T11 T12 T13		T14 T15 T16 T17 T18 T19 T20 T21
机械锁	充电机	Close	Open ——— Close ——— Open		Close
开关S	充电机	Close	Open ——— Close ——— Open		Close
电子锁反馈信号S'	充电机		Open ——— Close ——— Open		
数据交换	电动汽车 充电机		初始数据交互 数据帧交互		
接触器K3,K4	充电机		Open ——— Close ——— Open		
绝缘检测电路切换开关	充电机		Open —— Close —— Open		
泄放回路投切开关	充电机		Open —— Close —— Open —— Close —— Open		

图 6-4　直流充电连接控制时序图

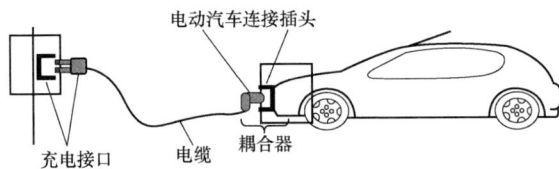

图 6-5　充电接口温度监控设备安装示意图

表 6-6　充电握手阶段报文分类

报文代号	报文描述	PGN (Dec)	PGN (Hex)	优先权	数据长度 (byte)	报文周期 (ms)	源地址- 目的地址
CHM	充电机握手	9728	002600H	6	3	250	充电机-BMS
BHM	车辆握手	9984	002700H	6	2	250	BMS-充电机

表 6 - 7   **PGN9728 报文格式**

起始字节或位	长度	SPN	SPN 定义	发送选项
1	3 字节	2600	充电机通信协议版本号，本标准规定当前版本为 V1.1	必须项

表 6 - 8   **PGN9984 报文格式**

起始字节或位	长度	SPN	SPN 定义	发送选项
1	2 字节	2601	最高允许充电总电压	必须项

参 考 文 献

[1] 贾俊国，倪峰. 电动汽车充电接口标准化探讨 [J]. 电力系统自动化，2011，35 (8)：76 - 80.

[2] GB 11021—2014　电气绝缘　耐热性和表示方法 [S].

[3] 李献峰，吴颖村. 电缆绝缘状态及寿命评估 [J]. 中国科技博览，2014 (5)：616 - 617.

[4] 贺春，陈卓，冯瑾涛，银庆伟，李翔. 电动汽车充电安全分析与解决方案. [J] 供用电，2017，01 (1)：12 - 18.

[5] 周强. 电动汽车充电服务互联互通问题的探讨 [J] 供用电，2017，34 (1)：19 - 23.

[6] IEC 61851 - 24：2014 Electric vehicle conductive charging system Part 24：Digital communication between a d. c. EV charging station and an electric vehicle for control of d. c. charging [S].

[7] IEC 62196 - 1：2014 Plugs，socket - outlets，vehicleconnectors and vehicle inlets—Conductive charging of electric vehicles Part 1：General requirements [S].

[8] GB/T 18487.1 电动汽车传导充电系统　第 1 部分：通用要求 [S].

[9] 段霞鋆. 欧盟酝酿出台电动车新方案，2019 年起让新房都有充电桩 [N]. 澎湃新闻，2016 - 10 - 18.

[10] 李立理. 我国电动汽车充电基础设施政策解读与展望 [J] 供电，2017 (1)，：2 - 17.

[11] ISO 15118 - 3：2015 Road Vehicles - Vehicle to grid communication interface Part 3：Physical layer and Data Link layer requirements [S].

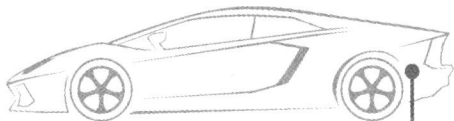

第七章

电动汽车与电网互动技术

第一节 电动汽车与电网互动的目标与架构

一、电动汽车与电网互动目标

应用 V2G 技术和智能电网技术,电动汽车电池的充放电将被统一部署,根据既定的充放电策略,电动汽车用户、电网企业和汽车企业将获得共赢。

(1) 对电动汽车用户而言,可以在低电价时给车辆充电,在高电价时,将电动汽车储存能量出售给电力公司,获得现金补贴,降低电动汽车的使用成本。

(2) 对电网公司而言,不但可以减少因电动汽车大力发展而带来的用电压力,延缓电网建设投资,而且可将电动汽车作为储能装置,用于调控负荷,提高电网运行效率和可靠性。

(3) 对于汽车企业,电动汽车目前不能大规模普及的一个重要原因就是成本过高。V2G 技术使得用户使用电动汽车的成本有效降低,反过来必然会推动电动汽车的大力发展,汽车企业也将受益。

减少规模化电动汽车充电对电网的不利影响,同时利用电动汽车充电灵活可调的特性及储能能力实现本地及广域电网的能量优化管理是电动汽车与电网互动的总体目标。电动汽车与电网互动的目标划分如下:

(1) 配电网"阻塞"管理。电动汽车对电网的影响主要体现于其引起的配电网"阻塞"问题,包括充电负荷引起的设备过载、压降增大、可靠性下降等问题。通过参与配电网"阻塞"管理,可延缓电动汽车充电负荷引起的配电网改造与投资。

(2) 本地能量优化管理。即通过本地能量管理系统对电动汽车的充(放)电能力进行利用。电动汽车可为其所在的家庭、楼宇等场所提供应急电源、调节本地用电高峰;通过对电动汽车实施四象限功率控制,可针对本地可再生能源发电进行支持，减少此类设施引起的电能质量问题；在微网中，电动汽车还可对系统的频率和电压进行自动响应，提高系统的稳定性。

（3）区域电网优化。对于区域电网，规模化电动汽车聚集的功率和能量将是可观的。通过对大规模电动汽车充（放）电容量的管理，电动汽车可为电网提供削峰填谷、频率调节、备用容量等服务。

二、电动汽车与电网互动架构

架构包括如下五个层级。

（1）电动汽车用户管理层。该层是架构的最底层和执行层，管理对象为电动汽车本身，其目标是保障用户的充电需求并降低充电费用。该层需要借助车载或非车载的智能终端实现电动汽车的充电过程的优化管理。

（2）本地能量管理层。该层的管理对象为本地配电设施下的电动汽车及其他电源或负荷，该层的目标是实现电动汽车与其他负荷和电源的协调运行，由本地的能量管理系统执行。

（3）集成管理层。该层的管理对象为多个充（换）电设施及电动汽车用户，该层通过充（换）电站监控系统或第三方管理平台实现，其目标是通过对各用户的协调管理实现经济运行。

（4）配电网管理层。该层的管理对象为某地区的配电网络，该层的目标是减少电动汽车引起的网络"阻塞"问题，提高配电设施的利用率，降低网络损耗等。

（5）区域电网管理层。该层的管理对象为区域电网，电动汽车通过大型充（换）电站或第三方管理平台参与区域电网调度系统的管理，为电网提供各种服务，实现系统稳定和优化运行。

第二节　V2G 技术及原理

电动汽车与电网进行双向互动的技术（Vehicle - to - Grid，V2G）是一种新型电网技术，体现的是能量双向、实时、可控、高速地在车辆和电网之间流动，是智能电网的重要组成部分。

V2G 充电站不仅要满足电动汽车的充电需求，高效率地对电池进行充电，还可以在电网耗电量最大的时候，通过电网控制中心发来的功率需求指令，向电网回馈电能，以维持电网的稳定运行。V2G 技术的应用可以对电网起到移峰填谷的作用，从而减少常规电站在备用容量上的投资，降低了电网运营成本。

V2G从结构框架上可分为4个层面：电网层、站控层（本地监控层）、智能充放电装置层和车辆层。

V2G技术的系统工作原理如下：

（1）实现电能在电网和车辆之间双向流动的双向智能控制装置与参与V2G技术的车辆连接后，将连接车辆可充放电的实时容量、充电状态（SOC）等受控信息提供给后台管理系统。

（2）后台管理系统采集、统计、计算所管辖范围内所有车辆可充放电的实时容量、受控时间等信息，实时提供给电网安全监控和数据采集（SCADA）系统。

（3）后台管理系统根据电网SCADA系统的调度指令，下发充放电指令，所管辖范围内双向智能控制装置进行充放电控制管理并反馈相关信息。

（4）双向智能控制装置执行后台管理系统指令，对连接车辆进行充放电操作。

V2G技术业务流程如图7-1所示。

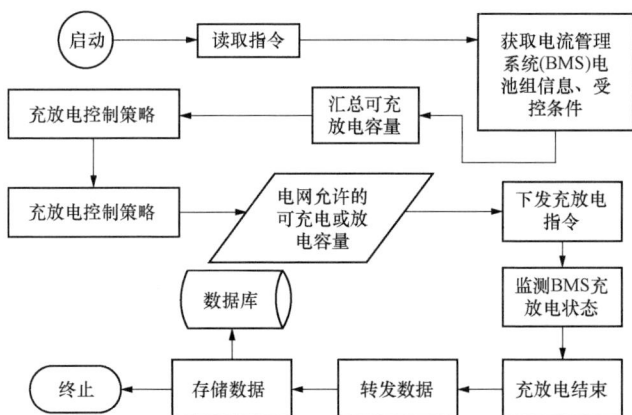

图7-1　V2G技术业务流程图

总结来说V2G技术可以实现以下功能：

（1）减少由于大力发展电动汽车带来的用电压力，同时减少电网专用调峰调频电厂的建设，平衡能量需求，维持电网稳定。

（2）可用于电力系统的负荷备用、检修备用、事故备用等。

（3）为用户创造收益，在用电高峰期，用户将提前充好的电能卖给电力公司，这样可以补偿购买电动汽车的成本，反过来推动电动汽车的发展。

（4）太阳能、风能、潮汐能等间歇性、不稳定的电能可先通过电动汽车充电后再并网，这样可以抑制新能源并网波动，为并网提供了一种新途径。

电动汽车和电网互动技术（V2G）如图 7-2 所示。

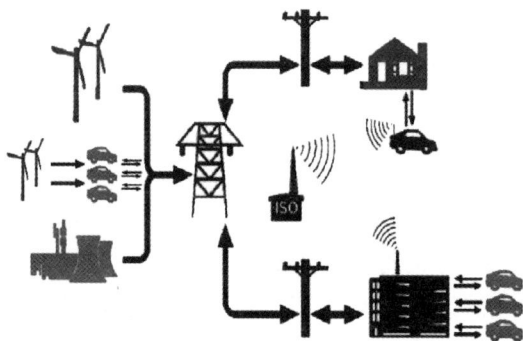

图 7-2　电动汽车和电网互动技术（V2G）示意图

现在的电动汽车具有多样性的特点，种类繁多、用途各异，电动车不同所采用的供电方式也不相同，这就决定了 V2G 具有不同的实现方法。根据应用对象的不同，可以将 V2G 实现方法分成四类。

1. 集中式的 V2G 实现方法

所谓集中式的 V2G 是指将某一区域内的电动汽车聚集在一起，按照电网的需求对此区域内电动汽车的能量进行统一的调度，并由特定的管理策略来控制每台汽车的充放电过程，例如，修建供 V2G 使用的停车场。从文献来看，按此种方式进行研究的较多。

对于集中式的 V2G，可以将智能充电器建在地面上，这样能够节约电动汽车的成本。同时，由于此种方式采用统一的调度和集中的管理，可以实现整体上的最优，例如通过先进的算法可以计算每台汽车的最优充电策略，保证成本最低及电力最优利用。

2. 自治式的 V2G 实现方法

自治式 V2G 的电动车经常散落在各处，无法进行集中的管理，因而一般采用车载式的智能充电器，它们可以根据电网发布的有功、无功需求和价格信息，或者根据电网输出接口的电气特征（如电压波动等），结合汽车自身的状态（如电池 SOC）自动地实现 V2G 运行。自主分布 V2G 方法可以实现能量的智能存储，装置结构如图 7-3 所示。

自治式 V2G 一般采用车载的智能充电器，充电方便，易于使用，不受地点

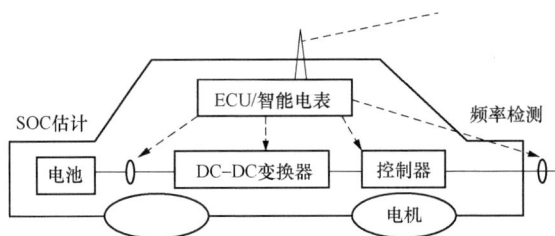

图 7 - 3　自治式 V2G 的电动汽车

和空间的限制，自动地实现 V2G。但是，每一台电动车都作为一个独立的结点分散在各处。由于不受统一的管理，每台电动车的充放电具有很大的随机性，是否能保证整体上的最优还需进一步研究，此外，车载充电器还会增加电动汽车的成本。

3. 基于微网的 V2G 实现方法

按照美国电气可靠性技术解决方案联合会（CERTS）的定义，微网是一种由负荷和微型电源共同组成的系统，它可同时提供电能和热量；微网内部电源主要由电力电子器件负责能量的转换，并提供必需的控制；微网相对于外部大电网表现为单一的受控单元，并可同时满足用户对电能质量和供电安全等的要求。

基于微网的 V2G 实现方法，实际上是将电动汽车的储能设备集成到微网中，它与前边两种实现方法的区别在于，这种 V2G 方法作用的直接对象不是大电网，而是微网。它直接为微网服务，为微网内的分布电源提供支持，并为相关负载供电。

4. 基于更换电池组的 V2G 实现方法

基于更换电池组的 V2G 实现方法源于更换电池组的电动汽车供电模式，如图所示。该方法需要建立专门的电池更换站，在更换站中存有大量的储能电池，因而也可以考虑将这些电池连到电网上，利用电池组实现 V2G。

这种方法的原理类似于集中式 V2G，但是管理策略上会有所不同，因为电池最终是要用来更换的，所以必须确保一定比例的电池电量是满的。它融合了常规充电与快速充电的优点，在某种意义上极大弥补了电动汽车续驶里程不足的缺陷，但是它迫切需要统一电池及充电接口等部件的标准。

V2G 不论是从工程上还是从经济上，其效益都是引人注目的。将 V2G 的实现方法分成四类，有利于根据不同对象灵活的选择实现方法。V2G 还涉及如下关键技术：V2G 智能调度技术、智能充放电管理技术、电力电子技术以及电池管理技术。同时装置的集成化、高效率和低成本等也是其重要的发展方向，与智能电网相结合后，会逐步实现智能化和信息化。

第三节　V2G 的应用

一、V2G 的技术

V2G 作为一项新开发的技术，其发展还依赖于电网相关政策和技术，同时也面临一些技术的问题。

（1）电动车/充电站功率双向交换。

电动车/充电站既可以向电网输送功率（即电动汽车蓄电池放电状态），也可以从电网吸收功率（即电动汽车蓄电池充电状态），并且电动汽车蓄电池放电功率和充电功率大小可以按照要求实现控制。

电动车在充电时是电网中移动分布的用电者，而当电动车向电网反馈电能时，又相当于分布式微电源。因而众多的分布式负荷和微电源对电网设备、对电网稳定、对保护和电能质量的影响、与电网之间的动态特性、微电源之间的协调控制等都有待于专题研究；同时，考虑 V2G 后，传统电力系统的控制系统、能量管理系统需要加入对分布式微电源的控制。

（2）合理、可行的控制策略。

电网依据功率平衡需求并按照各充电站的 V2G 统计信息，通过相关策略制定 V2G 充放电计划下发给各充电站；各充放电站接到计划后，通过相关策略及算法合理选择车辆，分配充放电功率，保证充放电计划合理执行。如 V2G 实现 EPS 功能，需要对电网状态做出判断，合理选择车辆，分配放电功率，控制对重要负荷的供电功率和供电时间等。在 V2G 整个功能的实施过程中，离不开合理、可行的控制策略。随着 V2G 功能运行经验的积累，还可以对控制策略进一步优化。

（3）V2G 可用容量与可用时间的预测。

从电网安全的角度来看，V2G 作为具有用户参与性的分布式发电单元大量接入系统必然会对电网的运行带来一定的影响。因此准确的预测 V2G 能够参与调度的可用用量和可用时间，这是电网调度运行机构关注的问题之一。

由于 V2G 具有与用户能量双向交互的互动性，因此其可用容量和可用时间的预测问题也比传统的负荷预测更为复杂。例如，可以采用用户设置的方式、历史数据进行预测的方式、用户设置与历史数据预测结合方式等。

当电动汽车充放电站数量发展到足够的规模，同时实现蓄电池的输出功率的大小和方向可控，电动汽车充电站的 V2G 功能，实质上即分布式移动储能功能就可以实现。

建立 V2G 的政策、法规、标准，规范 V2G 的经营、管理，保障各方的利益是实现 V2G 有待解决的问题。同时，如何制定合理的电价制度吸引电网、运营商、用户甚至相关设备制造产业积极参与 V2G 也是待解决的问题。从投资角度来讲，V2G 的投资涉及社会投入和产出的问题，电动车参与电网互动后，除了需要考虑电动车主的利益外，对电网中其他的发电企业产生的影响也需要考虑。

二、V2G 技术发展方向

（1）大规模电动汽车的城市电网动态运行机制。

随着大容量电池技术、电动汽车技术的发展和成本的降低，电动汽车的数量将急剧增长，可统一管理的电动汽车充放电站必将给城市电网的安全稳定运行带来新的挑战。电动汽车的行驶时间和行驶区间决定了其充放电状态、接入电网时间、接入电网地点等具有随机特性，因此电动汽车引入到城市电网后，原电网将由一个放射状网络变为一个具有时空随机特性的分布式微储能和用户互联的复杂系统，其运行机制将发生巨大变化。为了保障含大规模电动汽车的城市电网的安全稳定运行，深入剖析随机特性的电动汽车与电网之间互动的动态运行机制，是亟待解决的关键问题。

（2）电动汽车与电网的协调优化经济运行。

低碳社会背景下，随着智能电网技术的发展，电动汽车大规模接入电网后，研究电动汽车与电网的综合协调优化经济运行策略，使得生态环境、电力公司、电动汽车用户、电动汽车厂商等所有相关对象都能和谐共赢，是下一步研究的关键内容。对生态环境而言，在汽车数量不断增长的条件下，使电动汽车排放污染影响最小；对电力公司而言，在电网实时负荷、电价、调度中心指令以及汽车电池可提供的能量等约束条件下，考虑峰荷、电压、频率、谐波、备用等因素，使得电网运行最为经济、可靠与有效；对电动汽车用户而言，考虑用户的行驶习惯、行驶里程及特殊需求等，利用电能回售电网的机制，使电动汽车使用成本最低；对于电动汽车厂商而言，在汽车成本、电池能量状态、输入输出功率、可用时间等约束条件下，利用电动汽车环保、储能以及向电网回售电力等机制提高电动汽车附加价值，最大化扩大电动汽车应用市场。

（3）V2G 的多场景发展。

未来电动汽车的应用模式将不仅仅局限于普通 V2G 模式，还将逐步发展到以下场景：居民小区（V2H，Vehicle to Home）、办公楼宇（V2B，Vehicle to Building）、超市/大卖场或购物中心、大型专用停车场等。居民小区、办公楼宇场景的电动汽车充电为小电流充电、充电时间较长、设施建设投入较少。超市、大卖场或购物中心场景下的电动汽车充电为中等电流充电、充电时间适中、设施建设投资较少。大型专用停车场可配备不同的充电接口，针对不同的用户，分别选择小电流充电或中等电流充电。难度较大的快速充电、更换电池组几种模式则需要专门的充电站和换电站来实现，其设施建设投资较大。发展电动汽车多种应用模式，可使电动汽车在低谷时充电，在闲置时作为储能单元支持孤网运行时建筑物用电需求或紧急备用电源。根据不同场景中电网、充电设施与电动汽车三者间的能量双向流动特性，结合电动汽车的多场景应用需求，研究不同场景下电动汽车的充放电控制策略，也是未来的重要研究方向。

如上所述，V2G 技术具有如此好的应用前景，但是目前 V2G 技术的发展和应用仍处于停滞或缓慢发展状态。究其原因，难点主要有：

（1）电池技术有待突破，目前常见的电池有铅酸电池，镍氢电池，锂离子电池及锂电池衍生物等，现在尚无一种电池可以在比能量（Wh/kg）、比功率（W/kg）、能量体积密度（Wh/L）、循环次数、价格及安全性方面都占优势，这也是在电动汽车领域不同电池共存的原因。

（2）单个电动汽车所带电量相对较小，对电网影响也较小，而 V2G 技术要求规模效应，所以需集中控制，但是电动汽车作为一种交通工具，具有很大的移动性，接入电网的时间和地点具有很大的随机性，这就为实现集中控制和规模效应造成了难度。

（3）V2G 控制策略缺乏，要实现 V2G 效应，需要很好引入信息通信技术，不仅要考虑电网当前负荷还要预测下一时段的负荷，不仅要考虑电池当前 SOC，还需考虑电动汽车将来的出行计划，同时还需考虑频繁充放电对电池造成的损害。

参 考 文 献

[1] 李瑾．杜成钢．智能电网与电动汽车双向互动技术综述［J］，供用电，2010，27（3）：
    12 -14.
[2] 刘晓飞，张千帆，崔淑梅．电动汽车 V2G 技术综述［J］，电工技术学报，2012，27（2）：
    121 - 127.

第八章

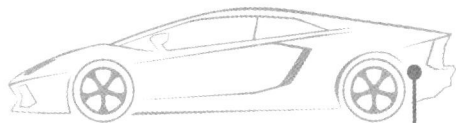

电动汽车对配电网的影响与对策

第一节　电动汽车对配电网运行的影响

一、电动汽车对电网的影响

　　电动汽车对电网的影响可根据考察的空间范围、层面和评估指标进行划分。在电力系统各环节中，电动汽车的影响可涉及发电、输电和配电层面；在空间领域，可以从全网、区域电网乃至某小区供电范围内对电动汽车的影响进行考察；根据考查对象，评估的指标可划分为设备负载率、设备寿命、电能质量（谐波水平、压降、闪变、不对称）、网损、可靠性、容量等。

　　从影响层面看，关于电动汽车对发电和输电影响的研究集中在发电和输电容量对电动汽车电量和电力需求的容纳能力。如考虑电动汽车傍晚充电和夜间充电2种情景，在傍晚充电情景下，电动汽车将使电网峰值负荷发生较大增长。例如2030年美国13个供电区域中将有10个区域需要新增装机以满足电动汽车电能需求。以澳大利亚珀斯地区为案例，参照传统车辆行驶统计特性进行计算，若该地区所有乘用车替换为电动汽车，现有输电线路和变电站可满足100％车辆的需求，但如果不增加该地区的装机容量，需要在负荷高峰日对93％的车辆进行管理。对于电动汽车对发电和输电的影响，还可以从经济性角度进行评估，在电动汽车不同充电场景下，计算电网为提高发电和输电容量所投入的成本。

　　发展电动汽车被世界各国普遍确立为保障能源安全和转型低碳经济的重要途径，我国把电动汽车列为战略性新兴产业，大力推进其产业化应用。未来我国将进入电动汽车快速发展时期，形成电动汽车的规模化应用。大规模电动汽车充电势必会对配电网的结构、运行产生巨大的影响。因此，对电动汽车充电行为进行有序调度，充分发挥电动汽车对电网负荷削峰填谷等作用，对提高电网供电可靠性和能源利用效率具有重要的意义。

电动汽车充电负荷较常规负荷具有时空随机性强的特点，给配电网运行带来了更多的不确定性。目前的主要研究内容涉及配电网的电能质量、可靠性和经济运行等方面，如图8-1所示。

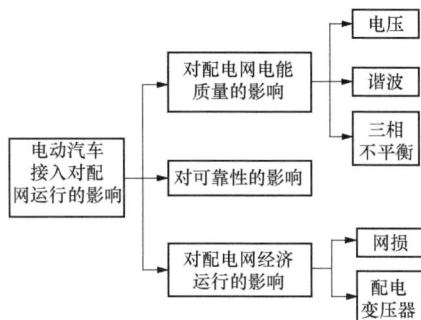

图 8-1　电动汽车接入对配电网的影响

二、充电设施接入配电网

电动汽车充电设施接入配电网的典型方式见图8-2。

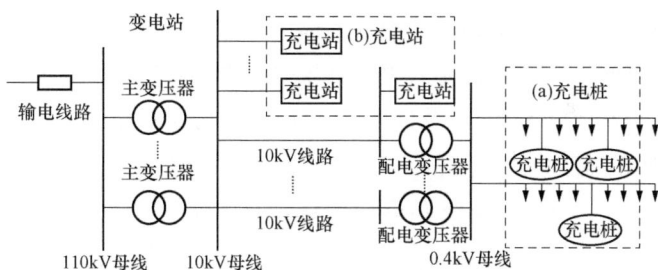

图 8-2　电动汽车充电设施接入配电网的典型方式

如图8-2中（a）区域所示，充电桩分散分布，在接入条件许可的情况下，就近接入到附近0.4kV的电网获取工作电源。如图8-2中（b）区域所示，充电站可以分为专变压器接入和专线接入，专变压器接入直接将上级电源降压10kV后直接向充电站提供电能，专线接入则通过10kV线路将充电站接入电网。充电站站内再配置10/0.4kV配电变压器向充电机提供工作电源。

1. 充电站接入

现有的常规充电站一般都是由10kV专线或专用变压器接入配电网。采用快速充电后，充电站站内负荷增大，接入配电网的电压等级需根据中压导线安全载流量要求和配电变压器经济运行要求综合考虑：

（1）10kV 导线的安全接入容量。

目前，截面为 240mm² 的 10kV LGJ 架空导线安全载流量约为 500A，截面为 240mm² 的 10kV YJV 电缆导线安全载流量约为 360A。可以推算，架空专线接入充电负荷不宜超过 5000kW，电缆专线接入充电负荷不宜超过 3500kW。综合来看，10kV 专线接入充电负荷宜控制在 4000kW 左右。

（2）配电变压器经济运行容量。

现有大容量配电变压器序列主要包括 315、400、500、630、800、1000、1250、1600、2000、2500kVA。更大容量的配电变压器可以达到 3150kVA，甚至 5000 千伏安，但变压器运行损耗偏大、经济性较差，使用范围比较有限。考虑配电变压器运行的经济性，单台配电变压器接入容量不宜超过 2500kVA。

当充电站突破上述两项要求时，宜考虑接入 35kV 高压配电网。

2. 充电机接入

常规交流充电机采用单相，直流充电机采用三相四线，接入 0.4kV 低压电网。中重型商用车、轻型商用车和乘用车充电机功率分别按 930kW、230kW 和 150kW 测算。

根据低压导线的载流量来看，中重型商用车充电电流远大于导线载流量，无法接入低压配电网，需要考虑接入更高电压等级电网；轻型商用车和乘用车要求导线截面在 120mm² 和 95mm² 及以上，才能满足安全载流量的要求。接入情况见表 8-1 和表 8-2。

表 8-1　　　　　　　　　充电机接入低压配电网的导线截面要求

导线截面（mm²）	安全载流量（A）	能否接入快速充电机		
		中重型商用车	轻型商用车	乘用车
240	650	×	√	√
185	550	×	√	√
150	480	×	√	√
120	405	×	×	√
95	340	×	×	√
70	280	×	×	×
50	220	×	×	×
35	175	×	×	×

导线截面（mm²）	安全载流量（A）	能否接入快速充电机		
		中重型商用车	轻型商用车	乘用车
25	140	×	×	×
16	100	×	×	×
8	60	×	×	×
6	35	×	×	×
4	25	×	×	×

表 8-2　　　　　　　　充电机接入高电压的导线截面要求

车辆类型	接入电压等级（kV）	安全载流量要求（A）	导线截面要求（mm²）
重中型商用车	6	≥150	≥50
	10	≥90	≥16
轻型商用车	0.4	≥575	240、185、150
乘用车	0.4	≥375	240、185、150、120、95

　　轻型商用车和乘用车允许使用大截面导线接入低压配电网充电，而中重型商用车则需要考虑接入 6kV 或 10kV 中压配电网充电。

三、对配电网负荷的影响

　　一般情况下，现有电网容量都能满足相当规模电动汽车的充电需求，输配电网不会因电动汽车充电而产生过负荷，但是这并不完全意味着配电网在适应电动汽车发展方面不存在问题。如果局部地区车主充电同时率很高，则可能因为充电桩、充换电站的建设导致负荷的明显增加，配电网变压器和线路可能会由于需求过大而发生重载或过载，此时需要新建配电设施。对于不同的充电方式，比如快充、慢充、换电池等方式都会影响到电网的运行，对电网造成冲击，进而威胁配电网的可靠运行。

　　（1）对不同性质负荷的影响。

　　按照不同性质，用电负荷一般分为第一产业、第二产业、第三产业和居民生活四种类型。由于电动汽车主要行驶在城区或城镇地区，对第一产业农业负荷的影响微弱，因此，暂不做分析。

　　典型工业、典型商业、典型企业和典型居民负荷的负荷特性曲线见图 8-3，四种行业的负荷特性曲线受用电习惯和生产生活规律的影响具有明显的差异化特征。

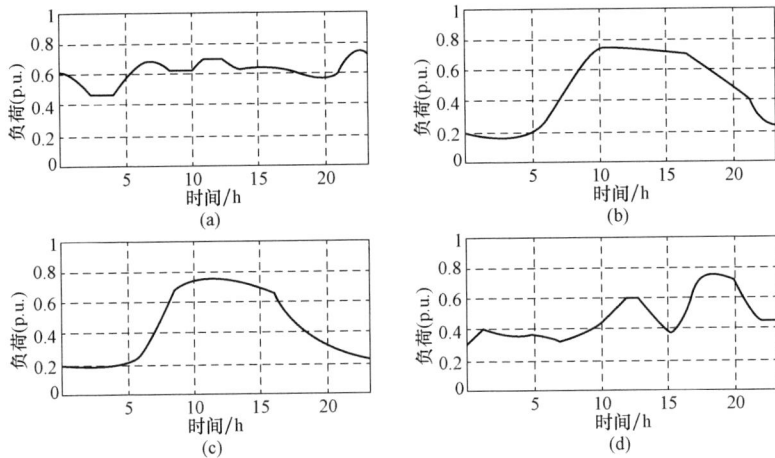

图 8-3　典型工业、典型商业、典型企业和典型居民负荷的负荷特性曲线

(a) 典型工业负荷特性；(b) 典型商业负荷特性；(c) 典型企业负荷特性；(d) 典型居民负荷特性

由于各类负荷的变化规律不同，电动汽车充电负荷对以负荷特性的影响也存在一定的差异性。以上述四种典型负荷为基础，考虑电动汽车充电负荷按照5%、10%、15%和20%的渗透率叠加，各典型负荷的特性曲线如图 8-4 所示。

从充电负荷对典型负荷的叠加效果来看，充电负荷对四类负荷均有不同程度的抬升。相比之下，充电负荷主要抬高了工业负荷、商业负荷和企业负荷的日用电高峰，对用电低谷的抬升作用较小；充电负荷对居民负荷则主要抬高了晚高峰时段的用电高峰，且对5~10时的居民用电低谷有明显的抬升作用，但对夜间的用电低谷抬升效果微弱。

(2) 不同充电方式对电网负荷的影响。

充电方式对电网负荷的影响较为明显，不同充电方式的特点及其对电网负荷的影响如下：

常规充电：也称慢速充电，充电时间较长，输出功率低，对电网结构和安全的没有明显影响，多用于长时间停车的居民小区、停车场等区域。此类充电负荷若集中于负荷谷段，对移峰填谷有积极意义，并且低谷电价充电能降低用户充电成本。

快速充电：充电负荷特性将受人们行为习惯和交通规律的显著影响，从趋势

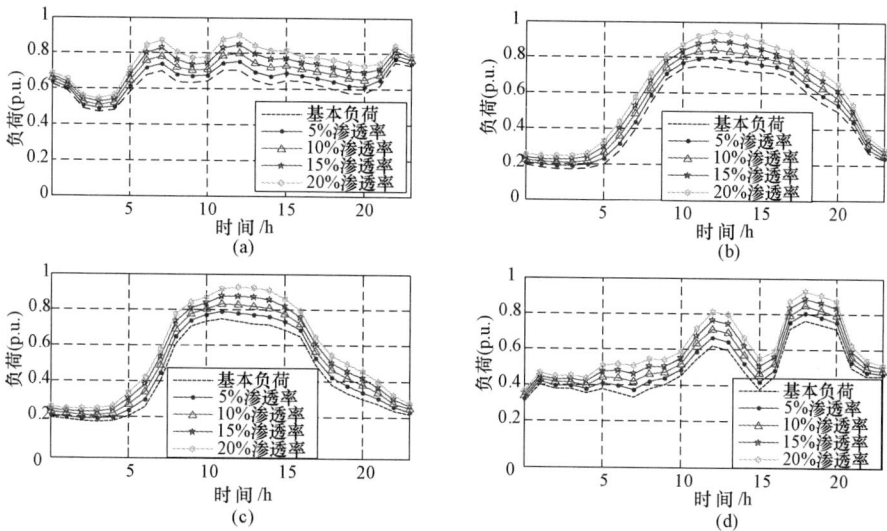

图 8-4 电动汽车充电负荷不同渗透率下各类负荷特性曲线

(a) 充电负荷对工业负荷影响；(b) 充电负荷对商业负荷影响；

(c) 充电负荷对企业负荷影响；(d) 充电负荷对居民负荷影响

上看快速充电站通常以应急充电为主。但快速充电功率和电流的额定值很高，因此对电网的影响较大，同时充电负荷相对集中于电网高峰时段，低谷时段充电负荷极小，不利于电网移峰填谷。通常建在机场、医院、旅游景点等公共停车场。

电池更换：换电站的充电负荷特性对配网负荷有一定影响，其优点在于提高了车辆的使用效率，使用户充电变得方便快捷，对换下来的电池可以充分利用负荷低谷时段进行充电，实现移峰填谷的作用。适用于公共服务车辆的电能补给。

随着电动汽车充电站的规模化建设应用，充电负荷对电网的影响逐渐增大，不同的充电方式，以及充电负荷在时间、空间上的随机性，可能会导致电网负荷高峰增加，从而需要电网增加装机容量，可能使一些输配电网络无法满足这一能量需求。电动汽车的聚集性充电可能会导致局部地区的负荷紧张，电动汽车充电时间的叠加或负荷高峰时段的充电行为将会加重配电网负担。

电动汽车发展到一定规模的情况下，电动汽车充电负荷影响因素可分为四个方面，即电动汽车种类和数量、行驶特性、用户充电行为习惯及充电设施类型和建设布局。后两者是影响充电负荷的重要因素，其中用户充电行为习惯具有很强的随机性，但可以通过电力市场的调节机制和相应政策法规的引导作用，使充电负荷与电网负荷的低谷时段叠加，有利于电网的峰谷平衡，改善电网负荷特性，减少为维持电网低负荷运转而引起的调峰费用。通过减少电网峰谷差，改善电网负荷特性，可以减少为维持电网低负荷运转而引起的调峰费用，提高配电系统设施的实际利用率，进而拓展终端电能消费市场。

四、对电路损耗影响

当大规模电动汽车在负荷高峰时段同时充电，其充电负荷将造成电网供电紧缺、电网电压降低、配电网的线路损耗和变压器损耗增加等不利情况。

随机分析城市生活区线路，线路的电网结构见图，共有 89 条支路，90 个节点，其中 1 个电源点，39 个负荷节点，配电变压器总容量为 16.595MVA。网络拓扑如图 8-5 所示。

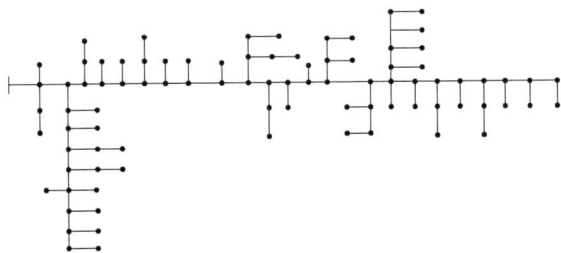

图 8-5　网络拓扑图

线路损耗率分布如图 8-6 所示。图 8-6（a）为随机充电时在各种电动汽车渗透率下线路 24h 损耗率及其分布。从图 8-6（b）中可以看出：当线路无电动汽车接入充电时，线路平均负载率低，导致线路负载损耗率低（线路损耗率与变压器铜损损耗率之和），而变压器空载损耗率偏高，线路总损耗率也较高；当电动汽车接入电网充电，提高了线路负载率，负载损耗率相应增加，空载损耗率减少。

在电动汽车渗透率为 20％时，线路损耗率为最低，线路处于最佳运行区域。当电动汽车渗透率从 50％增加到 100％时（此时电动汽车充电负荷达到线路最大负荷），线路负载损耗率迅速增加，空载损耗率减少，整条线路的损耗率大大增加，线路过渡到非经济运行区域。

由以上分析可知，当线路负载率较低时，合理的电动汽车接入电网充电将会提高线路的运行效率，使线路经济运行；但是当电动汽车渗透率较高时，由于流经线路和变压器的电流增大，导致线路负载过重，线路的负载损耗增加，从而让线路从经济运行区域转变到非经济运行区域。

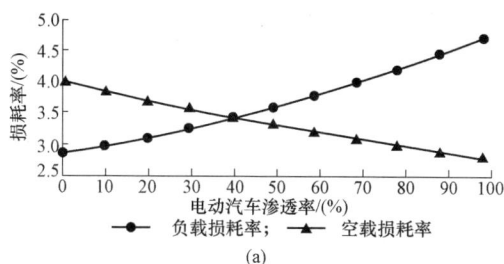

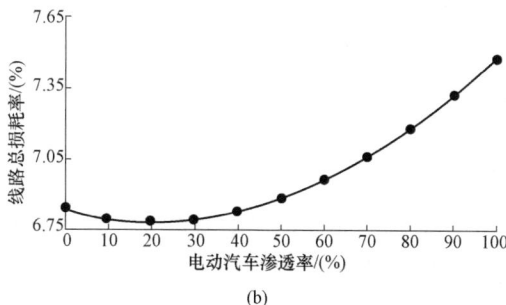

图 8-6 线路损耗率分布（随机充电）

(a) 负载损耗率和空载损耗率；(b) 线路总损耗率

五、对电能质量的影响

规模化的电动汽车充电站接入电网时，还会对电网线路可靠性、电网电能质量产生影响。若充电负荷集中在电网负荷高峰时段，会使线路负载率上升，线路负载率提高后，本线路承载临近线路可转移负荷的能力就越小，会导致临近线路可转移负荷增大，进而使该线路最大允许负荷降低，因而会导致线路可靠性降低。电动汽车充电设备是一种非线性负荷，工作时直流电流在交流三相之间不断地换相而产生很高的谐波电流，谐波注入电网会对供电系统产生谐波污染，对供电系统的电能质量带来不利影响。此外，在充换电设施快速短时充电时，由于负荷变化太快，冲击电压也可能对电网造成影响，因此需要采取必要的措施。

针对充电设备带来的谐波污染问题，可采取以下对策：

（1）有必要对充换电设施注入电力系统的谐波进行预测（需要考虑多台充电机同时工作时谐波电流的叠加影响），贯彻执行与谐波相关的国家标准，如 GB/T 14549—1993《电能质量公用电网谐波》，从总体上控制供电系统谐波水平。

（2）增加换流装置的相数，换流装置是主要的谐波源之一，当脉动数由 6 增加到 12 时，可以大大降低谐波电流有效值。

（3）增装动态无功补偿装置，提高供电系统承受谐波的能力。在技术经济分析可行的条件下，可以在谐波源处装设动态无功补偿装置、静止无功补偿装置或更先进的静止同步补偿装置。

（4）加装滤波装置，包括无源滤波和有源滤波装置。谐波治理工程应按照"同时设计、同时施工、同时验收、同时投运"的原则进行。对于大、中型充换电设施，应采用有源滤波技术在低压母线集中补偿，有源滤波器补偿容量按不小于充电机总功率的20％配置。同时，为了保证充换电设施长期运行和安全运行，需要考虑采用电能质量在线监测和谐波报警系统。当充电站状态影响到电网安全运行时由保护功能发出告警直至断开开关。

六、对电力系统的影响

由于大量电动汽车充电站的建设，对电力系统产生非常严重的冲击而影响稳定。为保证供电系统的稳定，则要求供电系统具备抗冲击的能力，同时必须解决冲击负荷对供电系统的影响问题。可能的影响主要有以下几点。

1. 影响电力网络的整体性

电力系统的主要构成部分包括发电机、输电线路、用户和必要的保护控制装置，要实现电力系统的安全稳定运行，保护网络整体性，使其不至于运行过程中发生解列和甩负荷的现象，对维持电力系统正常运行时非常必要。由于冲击负荷对电力系统的电压电流和功率输出都有一定的影响，导致了输电过程中某些环节参数发生变化。这种变化是随着时间变化的，如果这一现象随着时间不发生衰减或持续时间较长，就会引起电力系统中参数的剧烈变化，造成电力网络中某些控制装置动作，破坏了电力网络的整体性，也使供电系统失去了稳定。

2. 影响同步电机的稳定

冲击性负荷对同步电机的稳定性影响主要有两种：突发性的严重冲击和较小的正常性的冲击。第一种冲击发生时会带来比较严重的后果。由于冲击负荷的产生，造成同步电机的失步，利用电机自身的调节系统调整后仍不能回到稳定状态将使得电机退出运行，造成整个网络中甩负荷或者系统解列的发生，最后导致整个供电系统的崩溃。第二种冲击负荷同样也会对同步电机的稳定性造成影响。但是由于这种冲击的强度一般比较小，利用同步电机自身的调节系统就可以使其恢复到稳定运行的状态，因此不需要对该类型的冲击做任何处理。

3. 影响系统频率的稳定

频率的稳定是判断整个电力系统稳定性的重要指标。当系统中出现有功功率比较大的负荷接入时，发电机出力随之增大，造成整个网络中的频率减小。由于频率减小会引起发电机转速的下降，最终造成网络中的主要发电机失步。由此而导致的后果是系统中的负荷剧烈变化，电力系统继电保护装置迅速动作，导致整个系统的崩溃。因此保证电力网络中频率的稳定对保证供电是重要保障。

另外，电动汽车充电将导致负荷增长，若大量电动汽车集中在负荷高峰期充电，将进一步加剧电网负荷峰谷差，加重电力系统的负担；电动汽车用户用车行为和充电时间与空间分布的不确定性，使得电动汽车充电负荷具有较大的随机性，这将加大电网控制的难度，也对配电网规划提出了新的要求，在配电网中增加众多充电设施以及大量电动汽车充电，将改变配电网负荷结构和特性，传统的配电网规划准则可能无法适用于电动汽车大规模接入的情景。

七、电动汽车对电网影响的优缺点分析

（1）优点。

快速充换电站可以快速切换运行模式，确保电网运行的可靠性。常规慢速充电模式充、放电电流小、数量大、管理较复杂，在智能电网发展初期，只能起到"削峰填谷"以及负荷侧备用等方面的作用。地面充电系统通常应用于使用频率较高的公共交通系统，可以选择在负荷低谷（夜间 0：00～6：00）进行规模化充电，尽量避开负荷高峰时期，也可以作为可控分布式电源点。

电动汽车大规模接入后，城市电网负荷曲线趋于平坦，峰谷差距大大缩小，提高了电网负荷率，可以大大提高电网设备和发电能源的利用率。随着城市规模的不断扩大和居民生活条件的逐渐改善，冬季的取暖负荷和夏季的降温负荷迅速增长，城市电网负荷峰谷差越来越大，且城市电网最大负荷的增长速度要高于用电量的增长速度，所以电网最大负荷利用小时数呈下降趋势。而电动汽车根据负荷变化实施接入方案，使得城市电网负荷曲线峰谷差缩小，城市电网最大负荷利用小数也在不断上升。

电动汽车对于新能源发电并网系统的支撑作用，由于风能具有天然的波动性和间歇性，所以风电并网系统必须提供大量的备用容量，这就大大限制了风电的并网发电量。电动汽车接入电网负荷侧，可以随着电网负荷的变化来调整接入规模，进而达到削峰填谷的作用。

（2）缺点。

电动汽车规模化应用后会对电网的负荷特性产生影响，首先对电网装机容量的影响，当现存的电力系统容量已经充分利用，且电动汽车在电力系统非低谷用

电期充电时，额外的电流需求就不可避免地使系统过载，使其他用电设施受到影响。另外，充换电站负荷增加了剩余电量储备，正常情况下，供电能力必须超过或等于高峰期的需求电量加上电量储备量（典型的储备量是 20%）。由于高峰时期，充换电站负荷的加入，例如夜间 20 时充电负荷，使得高峰期的电流需求增大，需要产生和传输的电容量就越大。所以，高峰期的电流需求量决定发电厂和输电网的容量大小，从而影响供电系统的资金投入，使电网效率模式低下，运行成本增加。

充换电站对电网潮流的影响。离散的家用充电机由于其本身功率较小，对潮流影响并不大，但是充换电站作为大功率负荷接入电网时，改变了电网原有的负荷分布，使潮流改变比较严重，应根据充换电站规模不同，分别进行分析。例如采用的充换电站规模为 3MW，那么充换电站对输电母线电压影响非常明显，但是对于发电机端母线并没有太大影响，因此，分析重点应放在距离发电厂比较远的母线上，加入充换电站后，造成了网络损耗的增加，应注意校验线路的输电质量，避免造成损失。

充换电站会对电网产生冲击性负荷，由于快速充换电站功率变化迅速，随机性强，单台充电机功率可达到 200kW 甚至更高，其对系统的影响尤为严重，主要表现为波形畸变严重无规律，可能造成不同周期内的波形存在幅值相位和频率的波动。由于功率变化迅速，容易造成系统电压闪变使电压波形出现凹陷或突出，冲击电流造成某些电力设备过载，断路器误动作，线路损耗增加。通过暂态分析结果可以看出，当有 800kW（四台充电机）接入电网时，母线电压大约需要 3s 才能恢复正常，因此，快速充换电站充电负荷建设应尽量做好无功补偿工作，避开对电能质量要求比较高的地区。

第二节　电动汽车大规模运营下的配电网规划对策

未来几年我国电动汽车的市场规模和生产规模将迅速扩大，电动汽车将进入快速成长期。然而，规模化电动汽车充电负荷必然对配电网运行安全产生多方面影响，包括电网负荷过载、电压质量不稳定、谐波问题和电路损耗等。因此，在对电网规划建设时，应分析现有配电网线路及设备对规模化电动汽车充电负荷的承载能力，研究配电网的改造条件、技术原则和改造方案，提出适用于充电负荷接入的电网典型结构。

一、电动汽车充电负荷预测

（1）充电负荷敏感性分析。

为推动电动汽车产业发展，2015 年 11 月国家发改委、能源局等四部委于联合下发《电动汽车充电基础设施发展指南（2015—2020 年)》。《指南》对"十三五"期间电动汽车充电桩、充电站的发展给出了预测。2015～2020 年将新建包括私人专用充电桩和公共充电桩在内的充电桩 480 万个，建设目标为满足 500 万辆各类电动汽车的充电需求。也就是说，到 2020 年，我国电动汽车的保有量目标是 500 万辆。

据公安部交管局 2015 年底统计，新能源汽车保有量达 58.32 万辆，与 2014 年相比增长 169.48%。其中，纯电动汽车保有量 33.2 万辆，占新能源汽车总量的 56.93%，与 2014 年相比增长 317.06%。近年来我国电动汽车保有量见表 8-3。

表 8-3　　　　　　　　近年来我国电动汽车保有量

年度	2014 年	2015 年	2016 年（截至 9 月）
保有量（万辆）	12	58.32	80
增加量（万辆）	22.2	29.7	
年增长率（%）	79	169.48	

考虑不同类型电动汽车所使用的充电机功率，按照电动汽车大约 80 万辆的保有量来估算充电负荷量，计算公式见式（8-1）

$$P = \eta(N_1 P_1 + N_2 P_2 + N_3 P_3 + N_4 P_4) \tag{8-1}$$

式中　P——充电负荷量；

　　　N_i——各种类型（中重型商用车、轻型商用车、出租车、其他乘用车）电动汽车保有量；

　　　P_i——各种类型电动汽车充电机输出功率；

　　　η——同时率，即电动汽车同时充电的辆数。

常规充电和快速充电的同时率分别按 0.6 和 0.4 考虑，表 8-4 给出了当电动汽车快速充电占电动汽车总量的比例为 0、10%、20%、40%、60% 和 80% 的条件下，新增的充电负荷情况。电动汽车充电负荷敏感性分析见表 8-4。

表 8-4　　　　　　　　　　　电动汽车充电负荷敏感性分析

编号	快速充电车辆比例	常规充电负荷（万 kW）	快速充电负荷（万 kW）	总负荷（万 kW）
1	0	1427	0	1427
2	10%	1284	752	2036
3	20%	1141	1503	2645
4	40%	856	3007	3863
5	60%	571	4510	5081
6	80%	285	6013	6299
7	100%	0	7517	7517

当 80 万辆电动汽车采用常规充电接入，预计新增负荷 1427 万 kW；采用快速充电接入，预计新增负荷 7517 万 kW，增量是常规充电负荷的 6 倍。因此电动汽车采用快速充电后，配电网接纳快速充电负荷需新增配变容量。不同快速充电电动汽车比例下充电负荷预测见图 8-7。

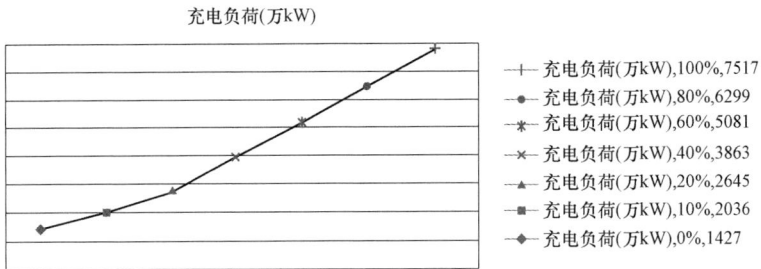

图 8-7　不同快速充电电动汽车比例下充电负荷预测

（2）充电电量预测。

电动汽车的充电量可以根据车辆行驶里程和百公里耗电量进行分析。百公里耗电量是指电动汽车每行驶 100km 所消耗的用电量。该方法是根据预测年限内的百公里耗电量与车辆数推算用电量，预测公式见式（8-2）：

$$W = EN \tag{8-2}$$

式中　W——电动汽车用电量；

　　　E——电动汽车百公里耗电量；

　　　N——电动汽车车辆数据。

预测时，应考虑电动汽车的不同车型，包括私家车、公交车、出租车、公务车等。电动汽车总充电量见式（8-3）：

$$W_t = E_1N_1 + E_2N_2 + E_3N_3 + E_4N_4 \qquad (8-3)$$

式中　　　　　　W_t——预测期的需电量指标；

E_1、E_2、E_3、E_4——私家车、公交车、出租车、公务车的百公里耗电量，N_1、N_2、N_3、N_4 为私家车、公交车、出租车、公务车的车辆总数。不同电动汽车车型百公里耗电量可参考表 8-5。

表 8-5　　　　　　　　不同电动汽车车型百公里耗电量

电动汽车车型	私家车	公交车	出租车	公务车
百公里耗电量（kWh/100km）	20	50	20	30

（3）充电设施接入规模分析。

结合充电站接入电压等级研究结果，常规充电均由低压线路经配电变压器接入 10kV 中压配电网，由于电动汽车一般在市辖供电区，因此配电变压器接入 110kV 电网。采用快速充电后，中重型商用车充电机直接接入 10kV 配电网，其他车型充电机接入 0.4kV 电网，同时考虑 20% 的充电站因容量需求接入 35kV 电网。充电设施接入对变电容量的需求如表 8-6 所示，110、35kV 容载比按 1.8 计算，10kV 负载率按 50% 考虑。快速充电站接入容量需求分析见表 8-6。

表 8-6　　　　　　　　快速充电站接入容量需求分析

序号	快速充电车辆比例	110kV 新增容量（MVA）	35kV 新增容量（MVA）	10kV 新增容量（MVA）
1	0	25 682	0	28 536
2	10%	33 938	2706	40 716
3	20%	42 194	5412	52 896
4	40%	58 706	10 824	77 256
5	60%	75 218	16 236	101 616
6	80%	91 730	21 648	125 976
7	100%	108 242	27 060	150 336

从表 8-6 可见，仅考虑常规充电，110kV 和 10kV 新增容量分别为 25 682MVA 和 28 536MVA。采用快速充电后新增容量需求如图 8-8 所示。

根据图 8-8 的增长趋势来看，采用快速充电的电动汽车车辆越多，即快速充电电动汽车规模越大，充电负荷需求越大，对 110、35、10kV 变电容量的需求则越大。

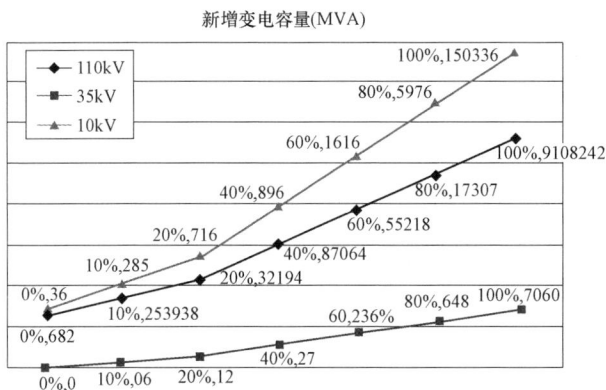

图 8-8 充电负荷对应的变电需求

二、考虑大规模电动汽车接入的配电网规划原则

大规模电动汽车接入配电网，将对配电网造成一定影响。在电网规划时，应考虑这一因素，制订切实可行的电网的规划技术原则。

（1）供电半径。

供电半径是反映网络变配电布局密度的重要指标。《配电网规划设计技术导则》规定：35、110kV 供电半径是指变电站供电范围的几何中心到边界的平均值；10kV 及以下线路的供电半径指从变电站低压侧出线到其供电的最远负荷点之间的线路长度。

当充电站由 10kV 专线接入中压配电网，10kV 导线截面需根据导线安全载流量选定，并校验电压损失，以此提高电网运行的安全性和经济性。由 2.3 节可知要保证电网运行，应有效地控制线路损耗，线路损耗按照不超过 5% 控制，需要将 LGJ 架空 10kV 线路的导线截面适度扩大，减少线路损耗。充电站 10kV 线路采用电缆接入，按照经济电流密度选定的 YJV 电缆能够满足线路损耗的一般要求，大型充电站的线损最大不超过 4%，中型和小型充电站的线损最大为 10%，应考虑适度扩大导线截面或将线路长度控制在 2km 内。

（2）架空网网架结构。

1）N-1 准则约束。N-1 准则是衡量配电网网络结构坚强程度的重要指标，当 10kV 中压网络中一条架空线或一条电缆，或配电室中一台配电变压器发生故障停运时：在正常情况下，除故障段外不停电，并不得发生电压过低，以及设备不允许的过负荷；在计划停运情况下，又发生故障停运时，允许部分停电，但应在规定时间内恢复供电。

对于架空线路，为了尽快隔离故障，采用多分段、多联络结构，将非故障部分通过联络开关向邻近段线路转移负荷，要求线路正常运行时的最大负载率见式（8-4）：

$$K_{\mathrm{T}} = \frac{P_{\mathrm{s}} - M}{P_{\mathrm{s}}} \times 100\% \qquad (8\text{-}4)$$

式中　M——线路的预留备用容量，即邻近段线路故障停运时可能转移过来的最大负荷；

　　　P_{s}——对应线路安全电流限值的线路容量；

　　　K_{T}——线路负载率。

以某条 10kV 架空 LGJ-120mm^2 导线为例，线路的现状安全电流为 399V，该线路现状最大负荷为 4063kW，功率因数 0.98，线路最大负载率为 60%。假定该条线路将装接 20 台 40kW 充电机，快速充电负荷约为 720kW，此时线路最大负载率为 71%。绘制该线路可接纳转移负荷与最大负载率关系曲线如图 8-9 所示。

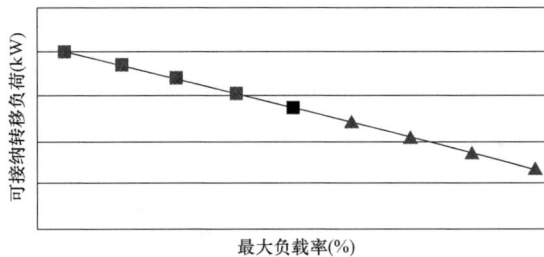

图 8-9　架空线路可接纳转移负荷与最大负载率

显然，随着负载率的提高，该线路所能接纳的临近线路可转移负荷的能力就越小；或者说，临近线路可转移负荷越大，该线路的最大允许负载率就越低。因电动汽车负荷接入引起的可转移负荷减小量，需要考虑由临近线路消纳，系统的整体可靠性降低。通过对负载率超过一定比例运行时间的统计发现，电动汽车的加入必然引起电缆的提前更新，而电缆的更新与否取决于电动汽车发展规模、线路本身情况；当线路负载率有很大的波动性时，此时无序的充电负荷加入后会使得波动幅值变大，在这样的情况，如果未来不对电动汽车接入电网进行控制，会带来相当大的经济损耗。

2）网架结构选择。中压架空网的典型接线方式主要有辐射式、多分段单联络、多分段多联络 3 种类型，充换电设施的接入对架空线路网架结构没有本质的改变。

充换电设施采用辐射式结构接入，网络的供电可靠性较低，电源故障会导致整条线路停电，不满足 $N-1$ 要求，但主干线正常运行时的负载率可达到 100%。

充换电设施采用多分段单联络结构接入，能够通过联络开关将负荷转供到相邻馈线完成转供，但主干线正常运行时的负载率应控制在 50%，线路的备用容量为 50%。

充换电设施采用多分段多联络结构接入，主干线正常运行时的负载率可提高至 67%，降低不必要的备用容量，并可以通过联络开关与其他馈线联系，故障情况下实现非故障段负荷转供到相邻线路。

（3）电缆网网架结构。

1）$N-1$ 准则约束。对于电缆线路采用环网单元，将线路分为多个分段，正常运行时最大负载率可按照式（8-5）计算：

$$K_{\mathrm{T}} = \frac{N-1}{N} \times 100\% \tag{8-5}$$

式中　K_{T}——电缆线路正常运行时负载率；

　　　N——同路径或同一环路的线路回路数。

电缆线路条数与最大负载率关系如图 8-10 所示。

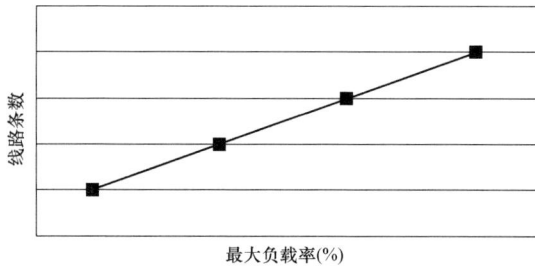

图 8-10　电缆线路条数与最大负载率

仍对上述 10kV 线路，如果该线路为电缆线路，快速充电负荷引入后引起充电负荷增加 720kW，线路最大负载率达到 71%，突破 3 回电缆路供电的最大负载率允许范围。因此，如果要保证此状态下的供电可靠性，对线路的接线方式就提出了更高的要求。

2）网架结构选择。中压电缆网的典型接线方式主要有单射式、双射式、对射式、单环式、双环式等。同样，充换电设施的接入对电缆线路网架结构没有本质的改变。

充换电设施采用单射式接入，不满足 $N-1$ 准则要求，但主干线正常运行时的负载率可达到 100%。

充换电设施采用双射式、对射式或单环式接入，满足 $N-1$ 准则要求，但主干线正常运行时最大负载率不能大于 50%，设备利用率有限。

充换电设施采用双环式接入，供电可靠性较高，在满足 $N-1$ 的前提下，主干线正常运行时的负载率为 $50\%\sim75\%$。

三、电动汽车接入配电网的规划原则

对电动汽车充电负荷特性的研究，充电站与电网适应性的分析，可以得知充电站对电网负荷特性方面影响的程度和决定因素，结合电网的特点，有针对性的设计满足电网要求的电动汽车充电站，不仅可以实现充电站的优化设计，同时能更好地满足节能减排和智能电网发展的要求。

在技术实现上，结合经济发展和文化建设的实际情况，通过大量调查电动汽车充电时间的数据，计算出充电负荷曲线，确定最优化的充电区间，使充电产生的影响有利于缩小电网负荷峰谷差，改善电网负荷特性。

在规划设计上，由于原来的电网规划未考虑到电动汽车的发展，所以电动汽车作为移动负荷甚至电源存在的情况下，必然会改变配电网系统的结构，对电网规划产生很大的影响。配电系统将从一个辐射式网络变成一个遍布电源和用户的网络，其控制和管理将变得更加复杂。配电网络规划和运行也将彻底改变，其中无功补偿、电压控制、变电站容量规划等均需要考虑电动汽车的影响。尤其是夜间作为负荷存在的电动汽车，将使夜间功率发生较大的变化，配电网需求侧管理也需重新加以考虑。

随着电动汽车的充电服务建设，以及电动汽车保有量的逐步增加，势必将对现有配电网的供电能力提出了更高的要求。充电站的布点、规模决定了对电网影响的大小。例如，人口、车辆集中的地方，充电设施的建设密度大，用电负荷也大，比如市中心或老城区等。而这些地区一般变电站建设的都比较早，供电容量有限，设备老化，在这样的地区增加大量的电动汽车充电负荷时，负荷调节的需求会更加迫切。如果调度管理不当，在小区用电高峰期大量电动汽车又同时充电的情况下，用电负荷可能大大超过小区电网供电能力，从而严重影响正常的供用电。

把充电站建设在配电变压器周围可以方便地获取电能，但从电动汽车使用者

角度考虑，充电站应建设在市区内，考虑到市区可用资源较少，可以把充电站分布建设在市区周围。衡量充电站需求的主要指标是交通量和服务半径两个要素，可能性与否关键在于交通、环保及区域配电能力等外部环境条件与该地区的建设规划和路网规划。对必须建在已完成布点的城市中心或电网薄弱地区的大中型充电站，需要在充电站建设的同时对地区配电网进行升级改造，使之满足充电用电的需求。如果在居民小区内增设大量的充电桩，也需要对小区的配电网进行改造以提高小区配电网的供电能力，满足充电桩的用电需求，减少对居民用电的影响。

从电动汽车充电未来的发展趋势来看，短期内主要考虑配电网规划中电动汽车充电设施的布点和容量配置，而从长期来看，随着电动汽车走入家庭以及充电技术和计量技术的发展，大规模分布式的家庭充电将成为研究电动汽车充电对电网影响必须考虑的重要方面。

根据 Q/GDW 2423—2010《电动汽车充电设施典型设计》，大型和中型充电站设计的总充电容量分别为 890 kW 和 290kW；对于分散在住宅小区、停车场等公共场所的充电桩，虽然单个充电桩的容量仅约为 5kW，但由于充电桩数量较多，对该区域总的容量需求同样比较大。因此，无论采用集中式还是分布式充电模式，大量的车辆充电可能带来新一轮的负荷快速增长。另外，车辆充电场所不固定，导致系统的运行工况随时可能发生改变，对系统的稳定提出更高的要求。上述问题均需要从地区配电网架的规划和布局着手，从源头做好应对措施。

为了减小由电动汽车充电引起的电网电流过载（需求高峰），可以采用两种方法：一种是在规划充电站阶段，将充电站视为负荷，考虑潮流约束条件下，充电站的充电容量不超过电网在最恶劣情况下，能够提供的最大容量。该方法能够保证充电站的所有设备在满载的情况下，电网在该节点始终不过载。另一种方法是使用充电协调的方法。这种方法的关键在于在同一充电站同时给一组电动汽车充电时，协调好充电电流和充电时间，减少电力系统过载电流的出现，尽可能得到一条平坦的负荷曲线。

采用分布协调方法时，每辆电动汽车上需要安装一个分布协调控制器，其作用是当整个充电站的总电流需求量在规定的范围内时，可使每辆电动汽车的充电电流达到最大，从而缩短了充电时间。无论什么时候由于充完电或某辆电动汽车离开时，剩余电流都可通过先到先服务（ECFS）的规则给电动汽车进行充电。这种先到先服务的规则不能把剩余的电流平均地分配给其他的电动汽车，因而使其他电动汽车的充电时间较为分散。同时，由于每辆电动汽车的充电器只知道充电站的总电流需求量，而不知道电动汽车充电器的情况，因而一些复杂的控制算法不能应用到这种分布协调方法中。

四、电动汽车对电网影响的解决方案

电动汽车对电网的影响既包括本地的局部性的问题（如压降、谐波、设备寿命等），也包括广域的全局性问题（如负荷峰值、备用容量等）。为了减少电动汽车对电网的不利影响，有如下解决方案：

（1）建议通过本地可再生能源发电和储能设备减少快速充电引发的过载和电压降问题。

（2）通过优化电动汽车充电过程，可以显著减少电动汽车常规充电引起的压降、网损和过载等问题。

（3）通过分时电价引导用户在低谷时段充电，可以有效降低电网的峰值负荷。实际上，除减少电动汽车对电网的不利影响外，电动汽车可作为移动式储能单元，为本地负荷及电源提供有功和无功的支持，大容量的电动汽车充（换）电站或者经过一定手段聚合后的电动汽车还可参与广域电网的优化运行，包括提供旋转备用、参与系统频率调节、支持可再生能源的发电等。

为了减少电动汽车对电网的不利影响并对电动汽车的储能能力进行利用，有必要对电动汽车充（放）电管理进行研究和实践，而且不能仅局限于单独对电动汽车在本地或广域电网的应用问题研究。实际上，避免电动汽车引起的本地问题，同时利用电动汽车实现广域电网的优化是规模化电动汽车在电网中的理想应用模式。但在一些情况下，这两项目标可能会发生冲突，如通过分时电价引导用户在电网低谷时段充电，可能引发电动汽车在部分时段内集中充电，造成配电网的"阻塞"。在满足配电网约束条件下，使电动汽车参与广域电网的优化运行需要建立各层级电网管理系统的协调控制机制。

参 考 文 献

[1] 寇凌峰. 电动汽车大规模接入对电网的影响分析 [D]. 北京：华北电力大学，2011.

[2] 黄润. 电动汽车入网对电网负荷影响的研究 [D]. 上海：上海交通大学，2012.

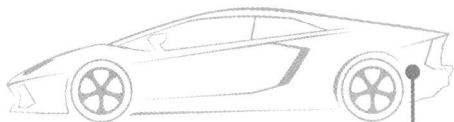

第九章

电动汽车商业模式

电动汽车商业模式主要涉及使用模式和能源供给模式两大核心问题。使用模式包括租赁和购买两种子模式。租赁的优势在于短时、方便,缺点在于租赁价格较高;购买的优势在于所有权完整,缺点在于消费者承担车辆风险。能源供给模式包括两种子模式:换电和充电。换电的优点是换电时间短,缺点是需频繁更换电池,成本较高;充电的优点是地点约束较小,但缺点是充电时间较长。

第一节　电动汽车购买和使用模式

对于纯电动汽车,由于其核心技术——电池可以和裸车分离,无论是出于对汽车的技术和价格的考虑,还是对自己的消费能力以及消费偏好的不同,消费者对于购买整车还是不含电池的裸车有不同的选择方案。因此,对期望购买纯电动车的消费者进行如下分类。

整车购买型客户:是指那些有购买经济能力并且对汽车的技术放心的消费者,会选择购买整辆的电动汽车,并且在充电时有自己的车库或者在自己停车的地方进行充电。

裸车购买型客户:纯电动汽车其中的一个核心技术就是电池的蓄电量以及性能稳定性。消费者出于对电池技术或者充电方式的考虑,可能会选择购买不含电池的裸车。对于电池,消费者有两种选择:一种选择是消费者可以自己去租电池,自己选择充电方式,仅支付电池的租赁费;另外一种选择是到充电站直接更换电池,每次更换电池时直接付电费和电池折旧费。

电池购买型客户:消费者由于无力购买整辆的常规能源汽车或者裸车,或者只是期望一段时间而不是长久打算使用汽车。这种方式类似于租车的方式。消费者只需要购买或者长时间租赁厂商提供的电池,厂商就可以提供给客户裸车,这样消费者就达到了仅需花费很少一部分就能达到自己使用汽车的目的。

第二节　电动汽车能源供给模式

纯电动汽车的能源供给模式有充电和换电两种方式，充电主要有常规充电、快速充电两种。换电也存在多种运营方式，也有充换电相结合的方式。相对应的充换电商业模式有充电收费模式、电池租赁模式和电池运营商模式。

1. 充电收费模式

充电收费模式类似常规内燃机加油，通过计量电量来收取费用，主要包括慢速和快速充电两种方式。慢速充电方式又称常规充电方式，常规蓄电池的充电方法采用小电流的恒压或恒流充电，一般充电时间较长。常规充电在欧美国家相当普遍，消费者选择在车库、办公区或超市，公共电站或者停车场进行充电，一晚上的停运时间充电能量需满足车辆一天运营。此种商业模式主要是针对整车购买型客户。

常规充电模式的优点为：尽管充电时间较长，但因为所用功率和电流的额定值并不关键，因此充电器和安装成本比较低，可充分利用电力低谷时段进行充电，降低充电成本，另外可提高充电效率和延长电池的使用寿命。常规充电模式的主要缺点为充电时间过长，当车辆有紧急运行需求时难以满足。

与常规充电相对应的是快速充电方式。快速充电是以较大电流在电动汽车停车的短时间内，为其提供短时充电服务，由于相应的大电流需求可能会对公用电网产生有害的影响，因而快速充电模式适用于专用的充电站。快速充电电池的出现，为纯电动汽车的商业化提供了技术支持。

快速充电模式的优点为：充电时间短，充电电池寿命长，没有记忆性，可以大容量充电及放电，相应充电站也不必配备大面积停车场。缺点在于：充电器充电效率较低，相应的工作和安装成本较高。由于采用快速充电，充电电流大，这就对充电技术方法以及充电的安全性提出了更高的要求，同时如何计量收费也需特别考虑。

2. 电池租赁模式

电池租赁模式即电池组快速更换系统，通过直接更换电动汽车的电池组达到充电的目的。由于电池组重量较大，更换电池的专业化要求较强，需配备专业人员借助专业机械来快速完成电池的更换、充电和维护，车辆电池组设计要求标准化，电池设计易于更换。此种商业模式是针对电动汽车销售商可能销售不含电池的裸车，消费者购买汽车，不需要购买电池。当消费者电池消耗将尽时，到附近电站选择充满电的电池，而不是选择给电池充电。更换一次电池仅需要 2～3min，和加油所耗时间差不多，电池商可根据所消耗电量和电池的折旧收取客户的租赁费用。此种商业模式主要是针对裸车购买型客户。

电池租赁商业模式下车主只需根据行驶里程按月向充电站运营商支付费用，在任何一家充电站享受快递电池更换服务，增加了电动汽车使用的便利性。这是一种对业务量大小非常敏感的商业模式，对市场规模有巨大的依赖性。

电池租赁模式的优点为：

（1）电动汽车用户可租用充满电的蓄电池，更换已经耗尽的蓄电池，有利于提高车辆使用效率，也提高了用户使用的方便性和快捷性。

（2）对更换下来的蓄电池可以利用低谷时段进行充电，降低了充电成本，提高了车辆运行经济性。

（3）解决了充电时间乃至蓄存电荷量、电池质量及价格等难题。

（4）能及时发现电池组中单电池的问题，进行维修工作，对于电池的维护工作将具有积极意义，电池组放电深度的降低也将有利于提高电池的寿命。

（5）消费者购车费用降低，增强了购买意愿。

电池租赁模式的困难之处为：电池与电动汽车需要制定标准化；电动汽车的设计改进、充电站的建设和管理，以及电池的流通管理等。

3. 电池运营商模式

电池商运营模式是一种新型模式，类似于电池租赁模式。这种商业模式是针对未来一部分客户可能选择不是购买整辆汽车，也不会选择购买不含有电池的裸车，而是选择某一汽车商去租车。这种情况下汽车商可以跟客户签署一份长期合同，汽车商充当电池运营商的角色，为客户提供电池服务，同时赠送消费者不含电池的电动车使用。这样客户可以享受电池运营商所提供的充电和电池更换，汽车维修等一系列的内在服务，并且给予价格上的优惠。同时，电池运营商会根据其所提供的，内在服务，主要收取电池和裸车的租赁费用。电池运营商模式可以使消费者花费在汽车上的费用降低，此种商业模式会增强电池购买型客户的购买意愿。

第三节　不同类型电动汽车运营模式

电动汽车按照使用对象的不同，分为电动公交车、出租汽车以及家用车，其商业模式各不相同。

一、电动公交车模式

1. 重庆模式

重庆作为"十城千辆"示范地区之一，是我国第一个大规模、大范围运营纯电动公交车的城市。2012年4月，国内首个可实用化公交快充专用站重庆市渝北空港电动客车专用充换电站正式建成投运，充电站的建设由重庆市政府财政支持，重庆市公交公司、国家电网和场站集团三方共同建成，装有6个直流快速充电桩，采用750V电压、双枪600A电流充电技术，为即将上路的恒通纯电动公交车充电。

恒通纯电动公交车装载着新型快充长寿命钛酸锂电池，动力性好，车内外噪声极低。利用快速充电技术每辆车充电时间仅需要10min，一次充电可运行50km，电池充电次数可达2万次。利用中午休息时间快充补电至100%，即可满足下午与晚间运行。晚间回到站场可选择快充或利用电网波谷电慢充。恒通公司还开发了一种充电技术，在电动客车顶端装上一个可以自动伸缩的无线集电弓，车子开到充电站充电轨下，直接接触充电轨，驾驶员点击操作界面即可自动充电。

截至2014年6月，重庆已经运行有1100多辆电气混合动力客车、31辆纯电动客车。按照计划，"十二五"末，重庆市还将在渝中、江北、南岸等主城5城区建设超过30座充换电站、1000台充电桩。这些充电设施可满足2000余辆公交车以及3万辆小型车辆充换电需求，其中5座充换电站为公交专用充电站。恒通快速充电公交车如图9-1所示。

图9-1 恒通快速充电公交车

2. 深圳模式

深圳普天模式可归纳为"车电分离、融资租赁、实时监控"。该模式的主要创新在于融资租赁和实时监控，由普天整体买下电动公交车，然后将车和电池分开销售给公交公司，公交公司无须一次性承担电动汽车的高昂价格，只需支付不含电池的裸车价格，电池则以租赁方式分年付款，缓解公交公司的资金压力。实时监控是融资租赁后的衍生服务，普天通过实时监控系统，监测电动公交车的行驶状况、充电状况、电池状况，保证了电动公交车的安全运营，实际上是给客户提供一种全新的服务和体验。

普天模式通过融资租赁利息和收取实时监控服务费获得盈利。未来具备竞争力的盈利点在于实时监控系统的大规模应用，实现规模经济效应。但是，这种实时监测系统并不一定适合在所有领域进行推广，整车厂如果能够提供较为成熟的电池管理系统，解决电池安全问题，那么无须第三方提供实时监控服务。

二、出租电动汽车模式

出租电动汽车商业模式主要分为整车出租模式以及电池更换模式。代表性模式有整车租赁模式、电池交换模式等。

1. 整车租赁模式

（1）德国 Car2Go 模式。

德国戴姆勒公司于 2008 年 10 月推出 Car2Go 汽车共享项目，在德国乌尔姆市试运行，乌尔姆市现拥有 200 辆 Smart Fortwo 租赁车辆和 15 000 人注册（占持有驾照市民的 15%），每天租赁 500～1000 次。随后 Car2Go 推广至德国的汉堡、斯图加特等城市，后扩散至荷兰的阿姆斯特丹、奥地利的维也纳、美国的奥斯丁、圣地亚哥和加拿大的温哥华等城市。目前 Car2Go 已在 5 个国家的 8 个城市开展电动汽车租赁，拥有超 1000 辆 Smart Fortwo 和 5 万名会员。Car2Go 是一种自助式随时租赁、随处归还的汽车共享模式，如图 9-2 所示，比传统店铺式经营、限制还车地点的汽车租赁模式更受欢迎，据统计，Car2Go 项目中异地还车的用户占 89%，用户通过登录 Car2Go 网站注册会员，通过电话、电脑、智能手机找到离自己最近的闲置车辆，还车时只需将车辆在停车位停好，即完成还车，无须为电动车充电，将有专门服务团队负责充电、清洁和保修工作。

（2）法国 Autolib 模式。

2011 年 12 月 5 日，法国巴黎市政府和博洛雷集团共同推出了 Autolib 计划（都市公共电动车租赁系统），该计划是一个由 300 辆电动车和遍布巴黎市及 45

图 9-2　德国 Car2Go 汽车共享项目

个近郊市镇的 1200 个租车/还车点组成的庞大网络。

　　Autolib 的租车点遍布在租用方便灵活的巴黎核心地区。消费者凭借驾照、身份证和银行卡就可以在自助终端方便快捷地办理租车，而且可以选择在一个站租用，在另一个站异地还车，只需停靠在就近还车点，并将电动车连接上充电接口即可。Autolib 现已拥有 590 个租赁地点和 1740 辆纯电动汽车及 3 万多人注册人员，累计租赁 46 万次，每人每周平均租赁 2.5 次。在 Autolib 的带动下，法国尼斯地区也开展了一项名为 Autoblue 的电动汽车租赁计划，2014 年已拥有 180 辆电动车和 40 个租赁点，德国 Car2Go 与法国 Autolib 营运模式比较见表 9-1。

表 9-1　　　　　　　　　德国 Car2Go 与法国 Autolib 营运模式比较

模式名称	Car2Go	Autolib
电动车	Smart fowtwo electric	Bluecar
样式		
续航里程	134km	250km
找车途径	电话、电脑，手机 APP	电话、电脑，手机 APP
使用方式	自助式，允许 A 地租 B 地还	自助式，允许 A 地租 B 地还
还车方式	可停在一般停车位；使用者不用负责充电	只能停在专属停车位；使用者负责充电

173

模式名称	Car2Go	Autolib
收费标准	以圣地亚哥为例： （1）注册费 35 美金。 （2）每分钟 0.35 美金，每小时最高 12.99 美金，每日最高 65.99 美金，超过 150mile 每英里价 0.45 美金	（1）年会员每月会费 12 欧元，使用半小时收 5 欧元，第二个半小时 4 欧元，第三个半小时以上 6 欧元。 （2）周会员每月会费 15 欧元，使用半小时收 7 欧元，第二个半小时 6 欧元，第三个半小时以上 8 欧元。 （3）日会员每月会费 10 欧元，使用半小时收 7 欧元，第二个半小时 6 欧元，第三个半小时以上 8 欧元

2. 电池更换模式

杭州在出租车领域主要是推行换电模式，按照"换电为主、插充为辅"的模式推进充电设施网络建设模式，联合整车厂和电池企业推行电池快换，将电池租给出租车公司，并通过收取换电服务费作为电池租金。杭州设定的理想模式是：利用现代物流、服务业、物联网等资源建立服务网络，以标准电池组通过各级服务网络快速更换、分层转运与配送，并以适量的交流充电桩作为补充，通过快换、慢充、快充等不同能源供应方式，适应各类不同用户的需要。

杭州拟推行的另一种模式是租赁模式。这种模式可定义为一种新型公共交通模式，只租不售，采用分时计费。市财政对租金、电费进行补贴，租金补贴占租金的 30%～50%，每辆车"3 年之内 6 万 km"电费全免。该模式全部采用纯电动汽车和可充电式立体车库，租车站分布在城市的机场、车站、商业中心、居民小区等需建站区域，为用户提供一种在运营区域内租车自驾的出行方式。租车站是运营网络的基本单元，为用户提供自驾租车及各种服务，承担车辆充电、维护、电池回收再生及网络系统运行管理等。用户租车后可驾车自主行驶，到达目的地可就近到另一租车站异地还车，根据需要还可开展电话租车及送、接车服务，方便、经济、快捷。

三、家用车模式

1. 特斯拉模式

特斯拉强调技术、时尚、环保、用户体验。特斯拉 Model S 控制中心是一个 17inch 的触控屏幕，通过这个触控屏幕，便可以调节车辆行驶模式、车辆参数、底盘高低、灯光、开关天窗等。触屏背后的系统还能够联网进行自动更新和免费升级。此外，通过智能手机上的 App，可以远程掌握车的位置、观察充电状态、提前打开车上的空调等。特斯拉针对用户对于充电方面不方便的顾虑，计划在全美搭建太阳能板充电网点。当特斯拉充电网建好后可以终身免费使用这个充电网。针对有些用户认为电池更换不方便的顾虑，特斯拉推出了一项 90s 之内更换整个底部电池的技术，还不到给汽车加满汽油所需时间的一半。

在营销模式方面，传统汽车营销渠道是通过 4S 店或者经销商。而特斯拉完全绕过这种模式。特斯拉的渠道包括两个部分：体验店与网络直销。可以去特斯拉体验店体验，可以在网上预约试驾，也可以在网上下订单，厂家会直接送车上门。假如车出现问题需要售后服务，小毛病可以通过云服务的方式解决，通过特斯拉的控制屏，车主可以为车子进行自诊断。如果车子有比较大的问题，就去实体服务中心。

在品牌传播方式上，特斯拉创始人马斯克比较高调，经常出镜，谈他的过去和特斯拉的未来，并且利用互联网口碑来形成对产品的推动，尤其是早期使用者在社交网络上的分享。硅谷英雄人物、好莱坞明星都是特斯拉的第一批试用者，这批人给特斯拉带来巨大影响力。在传统媒体上，特斯拉的营销投入几乎是零：它不做任何电视上的广告，也不做任何平面媒体的广告。[3]

特斯拉的购买模式也颠覆传统。要买特斯拉，先要预订，甚至预订后过几年才能收到货。预订模式是先支付定金或者全款、再安排生产，预定的现金为特斯拉的研发提供了有力的支撑。

2. 街头滑板模式

相比于特斯拉，StreetScooter 的最大的竞争优势就是低廉的价格，以及颠覆性的组织架构，在性价比方面有极高的竞争力。对于续航能力 StreetScooter 有自己独特的考虑，结合性价比等因素，该车的续航能力设计在 45～150km 之间。定位人群主要是居住在大城市中，上下班、购物等日常活动以短途为主的人群。

StreetScooter 的超低定价主要原因在于：①网状联盟的高效让"街头滑板"的研发费用只有传统车企的十分之一；②由于十多家大企业的入股，让"街头滑板"几乎以成本价可以获得各种零配件；③网状联盟还涵盖了汽车经销商和售后服务商，因此这两方面也省下了不少钱。低价与其电池租赁的模式也有关。采用模块化电池管理的理念，用户根据自己平均的行驶里程来租赁不同数量的电池以满足自己的日常需求。

四、电动汽车租赁试点应用

1. 杭州的电动汽车租赁站

杭州首座纯电动汽车租赁站于 2013 年 7 月 29 日起开始试运营，位于西湖古荡科技园内，它是集停车、监理、保养于一体，它在外形就像缩小板的立体车库，里面是两层立体停车位，一共可容纳 30 辆车。汽车租赁是浙江康迪电动汽车有限公司生产的电动汽车，车辆外形非常小巧只有两个座位，全部采用电门子的动力，首批有 100 辆纯电动车投放市场，这种电动汽车半小时可充满电，每次充满电可跑 80～100km。杭州市民用身份证和驾照就可以登记租赁纯电动车，试运营期内租赁价格为 20 元/h，而充电、换电池、电费、保险、保养等都是由运营商来负责。

2. 上海的电动汽车分时租赁业务

2015 年 1 月 19 日上午，随着 EVCARD 电动汽车分时租赁（简称 "EV-CARD"）的第 50 个热点交付使用，国内首个电动汽车分时租赁业务正式启动运营如图 9 - 3 所示。该项目在上海市委市政府的指导下由上海国际汽车城运营服务，经过 1 年多的努力，已在全市范围内启用租赁热点共计 50 个（包括嘉定、松江、杨浦以及浦东新区等区域），投入运营电动汽车 350 辆，项目运营规模已跻身全国领先行列。与 50 个热点同期启用的还有 EVCARD APP，用户只需通过手机便能自助式实现预约、租车、还车及结算，操作简单。[4]

图 9 - 3　EVCARD 互联网思维的创新商业模式

EVCARD 分时租赁是一种有别于传统的汽车租赁，一是传统租赁运用互联网思维的商业模式创新，整个服务也完全基于互联网完成，主要特点有：

（1）全程自助无人值守。用户的整个使用过程（包括用户注册、预定车辆、租还车以及结算）仅需通过手机 APP 或网站可以全部完成。

（2）按分钟收费。传统租车是以日租为单位，而 EVCARD 是以分钟计价，前 30min 15 元，超 30min 后 0.5 元/min，每 24h 最高 180 元。

（3）任意点租还车。用户可以就近热点租车，到达目的地后就近热点还车，随借随还，省时又便捷。

（4）24h 救援服务。上海国际汽车城负责所有车辆的 24h 救援服务，同时还包括运营车辆的保险、维保以及运行数据采集、租还车热点布局、充电设施安装及维保等一系列服务。

EVCARD 是电动汽车社会化商业模式的创新，对用户来说，采取租赁的方式，不仅省去了购车费用，而且避免支付保险费、税收和维修等诸多麻烦，具有经济、便利、环保等优势，未来或将成为城市多层次公共交通体系的一部分。这项服务有助于增加私人用户尝试使用电动汽车的机会，增强对电动汽车的客观认知，从而加速电动汽车的推广应用。

电动汽车分时租赁利用信息技术、通信技术等高科技手段，让互联网、物联网、大数据等与电动汽车深入连接，更好实现车人、车车、车路、车网等交互，将一辆电动汽车在不同时间段分别租给不同的用户使用，用现有的车辆资源解决更多人的用车需求，最大化提高车辆在城市中的使用效率，最终实现智慧用车。

3. 重庆电动汽车分时租赁模式

2015 年 11 月，首批 300 辆纯电动汽车将在沙坪坝西部新城投入使用。即将投入使用的纯电动汽车租赁项目，由市交运集团下属的重庆交运汽车租赁有限公司出资并运营。首批车辆在西部新城轻轨站、高等院校、市民集中居住点等设点出租。市民可按月或按小时租赁纯电动汽车，车辆分为两座和四座两种类型，最高时速可达 100km，最远续航里程 150km，使用完后，租赁者只需将车辆归还到附近租赁点即可，实现"随借随还"。

2016 年 10 月，由国网重庆电力牵头的国家科技项目"山地城市电动汽车分时租赁模式及支撑技术研究与示范应用"——分时租赁"E＋租车"平台完成了开发、联调、安全测评、审批等工作，正式上线运行。该平台上线后，市民可通过手机 APP 完成租车、还车、扣款等相关操作。"E＋租车"平台是基于互联网＋模式，结合大数据、云计算、移动支付、地图导航等技术，采用"一级部署、多级应用"的系统架构，以服务网站和手机 APP 为主要交互途径，面向电动汽车租赁用户、运营商、电动汽车企业、政府部门提供服务的综合性平台。

参 考 文 献

[1] 张宏 . 电动汽车商业模式综合性分析与创新性思考 [J]. 科技与企业，2014 (15).

[2] 国务院发展研究中心企业研究所 . 电动车商业模式创新探索及应采取政策 [M]. 北京：社会科学文献出版社，2012.

[3] 薛奕曦，陈逸，孔德阳 . 基于价值网络的电动汽车商业模式创新研究 [J]. 科学与科学技术管理，2014 (3).

[4] 张亚萍，高勇，武秋 . 我国电动汽车商业模式创新与发展研究 [J]. 上海汽车，2013 (1).

[5] 张文亮，武斌，李武峰，等 . 我国纯电动汽车的发展方向及能源供给模式的探讨 [J]. 电网技术，2009，33 (4)：1 - 5.

[6] 李东卫 . 我国新能源汽车产业化进程中面临的挑战及对策 [J]. 产业观察，2011，15 (3).

[7] 叶强，王贺武 . 关于电动汽车商业模式系统的理论思考 [J]. 中国科技论坛，2012，12 (1).

[8] 陈光祖 . 电动汽车产业的商业范式 [J]. 中国经济和信息化，2012 (13)：14 - 17.

[9] 张洁晶 . 中国纯电动车商业模式分析 [J]. 汽车工程师，2012 (12)：17 - 20.

[10] 赵国才，周莎 . 重庆市电动汽车商业运行模式 [J]. 重庆理工大学学报，2014 (4)：15 - 24.

[11] 新能源汽车商业模式"比亚迪模式"VS"特斯拉模式"[EB/OL]. http://www. qianzhan. com/analyst/detail/220/131108－23a7f986. html.

[12] 看懂特斯拉的商业模式 [EB/OL]. http：//newspaper. jfdaily. com/jfrb/html/2013－12/09/content_1123931. htm.

[13] EVCARD 电动汽车分时租赁上海第 50 个租还车热点投用 [EB/OL]. http://www. d1ev. com/36994. html.

[14] 法国电动车公共租赁项目 Autoli. [EB/OL]. https：//zhuanlan. zhihu. com/p/20807526? refer＝vehicle - safety.

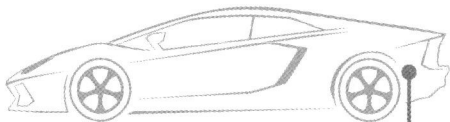

第十章

电动汽车发展与展望

2016~2020 年是中国新能源汽车发展第三阶段，总的来说是整顿和提升的阶段，目的就是要让中国的新能源汽车产品最终走出国门，具备国际竞争力。同时，中国政府也制定了产业集中化目标，期望 2020 年我国电动车的保有量达到500 万辆。要完成该目标，必须贯彻《中共中央关于制定国民经济和社会发展第十三个五年规划的建议》的指导思想，"以提高发展质量和效益为中心"，落实习近平总书记指示，"发展新能源汽车是我国从汽车大国迈向汽车强国的必由之路，要加大研发力度，认真研究市场，用好用活政策，开发适应各种需求的产品，使之成为一个强劲的增长点。"

第一节　我国电动汽车的新发展

产业规模全球领先，我国从 2009 年开始正式启动新能源汽车"十城千辆"的示范推广工作，到 2012 年共推广 1.7 万辆，2013~2014 年推广应用 10.1 万辆，2015 年跃升至 37.9 万辆，2016 年生产 51.7 万辆，连续两年产销量居世界第一，累计推广超过 100 万辆，占全球市场保有量 50％以上。技术水平显著提升，动力电池单体能量密度达 220Wh/kg、价格 1.5 元/Wh，较 2012 年能量密度提高 1.7 倍、价格下降 60％。驱动电机峰值功率密度达到 2.0kW/kg。纯电动汽车主流车型动力性、经济性、安全性以及舒适性大幅提升，基本满足人们日常出行需求，社会认可度明显提高。产业体系基本建立，新能源汽车发展带动上下游产业投资，贯通了基础材料、关键零部件、制造装备等产业链关键环节，建立了结构完整、自主可控的产业体系。建成了珠三角、长三角、京津冀、中原四大动力电池产业聚集区，成为全球最大的动力电池生产国。企业竞争能力显著增强，2016 年，比亚迪、吉利、北汽等企业进入全球新能源乘用车销量前十。国产新能源客车技术水平世界领先，销往全球 30 多个国家，并实现了产品、技术、标准和服务协同"走出去"。宁德时代、精进电动等成为全球知名的新能源汽车零部件供应商。充电基础设施建设稳步推进，国企、民企积极参与，众筹建桩、"互联网＋"等创新商业模式涌现，公共场所、单位内部、居民小区、高速公路充电基础设施建设全面推进。2016年新建公共充电桩10万个，累计新建达到15万个。北京、上海、深圳等建成规模化充电服务网络。

当前，新一代信息通信、新能源、新材料等技术与汽车产业加快融合，产业生态深刻变革，竞争格局全面重塑，我国汽车产业发展机遇与挑战并存。一是产品形态和生产方式深度变革，汽车的产品形态加快向新能源、轻量化、智能和网联的方向发展，汽车正从交通工具转变为大型移动智能终端、储能单元和数字空间，汽车生产从过去的大批量、流水线的生产方式，向充分互联协作的智能制造体系演进，个性化定制生产模式可能成为未来的趋势。二是新兴需求和商业模式加速涌现，老龄化和新生代用户比例持续提升，消费需求的多元化特征日趋明显，共享出行、个性化服务成为主要方向。三是产业格局和生态体系深刻调整，产业边界日趋模糊，互联网等新兴科技企业大举进入汽车行业。传统企业和新兴企业竞合交融发展，价值链、供应链、创新链发生深刻变化。2016年，国际社会对电动汽车产业发展的重视程度提升到一个新的高度，汽车发达国家纷纷加大对电动汽车、智能网联汽车的扶持力度，国际汽车企业集团也在加速布局，全球产业发展竞争格局将日趋激烈。

到2020年，我国新能源汽车年产量将达到200万辆，动力电池系统的比能量将达到260Wh/kg，成本将降到1元/Wh。到2025年，新能源汽车销量占总销量的比例达到20%以上，动力电池系统的比能量达到350Wh/kg，电动汽车骨干企业在全球的影响力和市场份额进一步提升，智能网联汽车进入世界先进行列，建立安全可控的汽车零部件体系，争取我国迈入世界强国行列。

为了实现规划的目标，促进产业健康可持续发展，将陆续开展以下工作：

（1）完善政策体系。根据技术进步与市场的发展，加强标准体系建设，建立补贴政策动态调整机制，发挥扶优扶强的政策导向作用，加快建立电动汽车积分管理制度，明确企业各年度生产电动汽车的达标比例要求，为2020年补贴政策退出以后，做好后补贴政策衔接，建立电动汽车市场化发展的长效机制。

（2）健全法律法规。推动出台道路法规，明确企业、政府部门的法律责任，建立问题企业惩罚性赔偿和市场退出机制，建立事中事后监管机制，建立国家、地方、企业三级电动汽车安全运行监测系统，清理各种形式的地方保护主义，以市场化机制来推动产能、资源的整合。

（3）加大研发的支持。实施国家重点研发计划电动汽车重点专项，加大对电池与管理系统、电机与电力电子等研发力度，加快动力电池、智能网联汽车等国家制造业创新中心建设，集中行业优势资源，开展协同攻关。

（4）加强充电基础设施建设。指导督促各地出台并落实专项规划与建设运营管理办法，有效利用资金来支持充电设施建设和运营，发挥行业中介组织和产业联盟等方面的作用，推动充电设施互操作性的检测与认证，构建信息服务的平台，实现互联互通。

（5）鼓励国际化发展。组建汽车产业对外合作联盟，提升汽车企业海外服务能力，引导和鼓励企业抓住"一带一路"建设和国际产能合作的机遇，明确目标市场，加强品牌培育，推动电动汽车与国际工程项目协同"出海"，选择重点发展地区，建设产业园区，加快"走出去"的步伐。

（6）大力发展智能网联汽车，促进跨行业合作。发展智能网联汽车，要以电动汽车作为主要载体，要加强智能网联汽车技术攻关，完善跨产业协同创新机制，要出台测试评价体系，建立健全法律法规体系，推进智能网联汽车应用示范，建立智能网联汽车与其他泛载网络的信息交流和协同机制，探索多领域联动的创新发展模式。

发展电动汽车，是促进汽车产业转型升级，抢占国际竞争制高点的紧迫任务，也是推动绿色发展，培育发展新动能的重要举措。推动汽车产业，特别是电动汽车产业的健康发展，需要全行业共同努力。通过控总量、优环境、提品质、创品牌、促转型、增效益，推动汽车产业发展，从规模速度型向质量效益型转变，实现我国由汽车大国向汽车强国的转变。

第二节　电动汽车与能源互联网的融合发展

杰里米·里夫金在著作《第三次工业革命》中所构想的能源互联网有五大支柱：一是向可再生能源转型，二是建筑成为微型的发电厂，三是储能技术与建筑广泛融合，四是利用互联网技术的电网成为能源共享网络，五是电动汽车融入电网。在里夫金的构想中，能源互联网是一种依托于可再生能源技术、通信技术及自动控制技术，以可再生能源为主要能量单元，能够实现双向信息数据的实时高速交互，涵盖多类型能源网络与交通运输网络的新型能源利用体系。

处于能源互联网中的各个参与主体既是"生产者"又是"消费者"。电动汽车作为一种移动式分布式的储能设施，未来将与扁平化、分散式、合作化的能源交互网络连接在一起，体现能源互联网的关键特点，并成为能源互联网的重要支柱。

1. 电动汽车在能源互联网中的定位

电动汽车在能源互联网中的定位应从特性层、应用层和价值层来看。电动汽车充电具有：负荷特性和储能特性，两者灵活转换。特性决定应用，正是电动汽车的这两个特性决定了电动汽车在能源互联网中的作用。这两个特性如下。

（1）电动汽车可作为需求侧响应资源，即基于大数据技术整合充放电信息，利用分时电价引导电动汽车充分优化充放电时间序列，实现智能化充电，从而推动电动汽车参与需求侧响应市场。

（2）将电动汽车变成移动式、分布式的储能。应用带来价值，电动汽车在能源互联网中的应用带来价值。

推动信息物理融合，加快电网与交通网互联，促进清洁能源消纳，引导技术体系创新，加强用户侧双向互动，引领能源互联网商业模式。

2. 电动汽车在能源互联网中的应用

电动汽车的发展离不开能源互联网。自 2016 年 2 月底，三部委联合颁布了《关于推进"互联网＋"智慧能源发展指导意见》后，试点工程一直在不断推进中。《关于推进"互联网＋"智慧能源发展指导意见》中明确提出 10 项重点任务，其中第 5 项是"发展储能和电动汽车应用新模式"，之所以将电动汽车和储能放在一起，因为其既是用电又是储能。关于电动汽车在能源互联网中的应用发展，在第 5 项中，提出 3 项具体的任务。

（1）发展储能网络化管理运营模式，即鼓励整合多类型的分布式储能设备，明确将电动汽车充放电桩定义为储能设施。

（2）发展车网协同的智能充放电模式，即建设储能设施数据库，将存量巨大的多种类型储能设备通过互联网进行管控和运营。

（3）发展新能源＋电动汽车运行新模式，即发展分布式用电，例如直接将光伏和充电桩联结在一起。

3. 电动汽车发展将经历三阶段

能源互联网背景下，中国电动汽车发展方向及发展策略融入其中将经历三个阶段如下：

（1）第一个阶段是丰富资源基础，也称为积累阶段。一方面社会各界推广应用电动汽车，比如 2020 年电动汽车要增加到 500 万辆，同时加强充换电站等配套设施的规划与建设；另一方面，加快电动汽车核心技术研发，优化电动汽车各项性能，提升电动汽车相对于传统能源汽车的核心竞争力，扩充电动汽车的体量规模，为参与能源互联网打下基础。

（2）第二阶段是参与电力市场。电动汽车如何参与电力市场，一是通过实时电价政策智能充电，国家制定实时电价，消费者智能充电，优化电动汽车自身用电成本，同时作为低谷负荷参与需求响应，改善电网负荷曲线，推动清洁能源消纳；二是借助互联网平台参与辅助服务市场，为电网、售电公司以及终端用户提供应急供电、调峰调频、备用等辅助服务，进一步获取合理收益。

（3）第三阶段是推动主体集成。随着电动汽车和电力系统发输配用环节的深度融合，尤其是电动汽车集成运营商的出现，将有望整合终端用户、能源零售商、网络运营商等不同市场参与者的角色，进而推动能源互联网各类商业模式的形成。

附录 A 节能与新能源汽车产业发展规划（2012～2020 年）

　　汽车产业是国民经济的重要支柱产业，在国民经济和社会发展中发挥着重要作用。随着我国经济持续快速发展和城镇化进程加速推进，今后较长一段时期汽车需求量仍将保持增长势头，由此带来的能源紧张和环境污染问题将更加突出。加快培育和发展节能汽车与新能源汽车，既是有效缓解能源和环境压力，推动汽车产业可持续发展的紧迫任务，也是加快汽车产业转型升级、培育新的经济增长点和国际竞争优势的战略举措。为落实国务院关于发展战略性新兴产业和加强节能减排工作的决策部署，加快培育和发展节能与新能源汽车产业，特制定本规划。规划期为 2012～2020 年。

一、发展现状及面临的形势

　　新能源汽车是指采用新型动力系统，完全或主要依靠新型能源驱动的汽车，本规划所指新能源汽车主要包括纯电动汽车、插电式混合动力汽车及燃料电池汽车。节能汽车是指以内燃机为主要动力系统，综合工况燃料消耗量优于下一阶段目标值的汽车。发展节能与新能源汽车是降低汽车燃料消耗量，缓解燃油供求矛盾，减少尾气排放，改善大气环境，促进汽车产业技术进步和优化升级的重要举措。

　　我国新能源汽车经过近 10 年的研究开发和示范运行，基本具备产业化发展基础，电池、电机、电子控制和系统集成等关键技术取得重大进步，纯电动汽车和插电式混合动力汽车开始小规模投放市场。近年来，汽车节能技术推广应用也取得积极进展，通过实施乘用车燃料消耗量限值标准和鼓励购买小排量汽车的财税政策等措施，先进内燃机、高效变速器、轻量化材料、整车优化设计以及混合动力等节能技术和产品得到大力推广，汽车平均燃料消耗量明显降低；天然气等替代燃料汽车技术基本成熟并初步实现产业化，形成了一定市场规模。但总体上看，我国新能源汽车整车和部分核心零部件关键技术尚未突破，产品成本高，社会配套体系不完善，产业化和市场化发展受到制约；汽车节能关键核心技术尚未完全掌握，燃料经济性与国际先进水平相比还有一定差距，节能型小排量汽车市场占有率偏低。

　　为应对日益突出的燃油供求矛盾和环境污染问题，世界主要汽车生产国纷纷加快部署，将发展新能源汽车作为国家战略，加快推进技术研发和产业化，同时大力发展和推广应用汽车节能技术。节能与新能源汽车已成为国际汽车产业的发展方向，未来10年将迎来全球汽车产业转型升级的重要战略机遇期。目前我国汽车产销规模已居世界首位，预计在未来一段时期仍将持续增长，必须抓住机遇、抓紧部署，加快培育和发展节能与新能源汽车产业，促进汽车产业优化升级，实现由汽车工业大国向汽车工业强国转变。

二、指导思想和基本原则

（一）指导思想

以邓小平理论和"三个代表"重要思想为指导，深入贯彻落实科学发展观，把培育和发展节能与新能源汽车产业作为加快转变经济发展方式的一项重要任务，立足国情，依托产业基础，按照市场主导、创新驱动、重点突破、协调发展的要求，发挥企业主体作用，加大政策扶持力度，营造良好发展环境，提高节能与新能源汽车创新能力和产业化水平，推动汽车产业优化升级，增强汽车工业的整体竞争能力。

（二）基本原则

坚持产业转型与技术进步相结合。加快培育和发展新能源汽车产业，推动汽车动力系统电动化转型。坚持统筹兼顾，在培育发展新能源汽车产业的同时，大力推广普及节能汽车，促进汽车产业技术升级。

坚持自主创新与开放合作相结合。加强创新发展，把技术创新作为推动我国节能与新能源汽车产业发展的主要驱动力，加快形成具有自主知识产权的技术、标准和品牌。充分利用全球创新资源，深层次开展国际科技合作与交流，探索合作新模式。

坚持政府引导与市场驱动相结合。在产业培育期，积极发挥规划引导和政策激励作用，聚集科技和产业资源，鼓励节能与新能源汽车的开发生产，引导市场消费。进入产业成熟期后，充分发挥市场对产业发展的驱动作用和配置资源的基础作用，营造良好的市场环境，促进节能与新能源汽车大规模商业化应用。

坚持培育产业与加强配套相结合。以整车为龙头，培育并带动动力电池、电机、汽车电子、先进内燃机、高效变速器等产业链加快发展。加快充电设施建设，促进充电设施与智能电网、新能源产业协调发展，做好市场营销、售后服务以及电池回收利用，形成完备的产业配套体系。

三、技术路线和主要目标

（一）技术路线

以纯电驱动为新能源汽车发展和汽车工业转型的主要战略取向，当前重点推进纯电动汽车和插电式混合动力汽车产业化，推广普及非插电式混合动力汽车、节能内燃机汽车，提升我国汽车产业整体技术水平。

（二）主要目标

（1）产业化取得重大进展。到 2015 年，纯电动汽车和插电式混合动力汽车累计产销量力争达到 50 万辆；到 2020 年，纯电动汽车和插电式混合动力汽车生产能力达 200 万辆、累计产销量超过 500 万辆，燃料电池汽车、车用氢能源产业与国际同步发展。

（2）燃料经济性显著改善。到 2015 年，当年生产的乘用车平均燃料消耗量降至 6.9L/百 km，节能型乘用车燃料消耗量降至 5.9L/百 km 以下。到 2020 年，当年生产的乘用车平均燃料消耗量降至 5.0L/百 km，节能型乘用车燃料消耗量降至 4.5L/百 km 以下；商用车新车燃料消耗量接近国际先进水平。

（3）技术水平大幅提高。新能源汽车、动力电池及关键零部件技术整体上达到国际先进水平，掌握混合动力、先进内燃机、高效变速器、汽车电子和轻量化材料等汽车节能关键核心技术，形成一批具有较强竞争力的节能与新能源汽车企业。

（4）配套能力明显增强。关键零部件技术水平和生产规模基本满足国内市场需求。充电设施建设与新能源汽车产销规模相适应，满足重点区域内或城际间新能源汽车运行需要。

（5）管理制度较为完善。建立起有效的节能与新能源汽车企业和产品相关管理制度，构建市场营销、售后服务及动力电池回收利用体系，完善扶持政策，形成比较完备的技术标准和管理规范体系。

四、主要任务

（一）实施节能与新能源汽车技术创新工程

增强技术创新能力是培育和发展节能与新能源汽车产业的中心环节，要强化企业在技术创新中的主体地位，引导创新要素向优势企业集聚，完善以企业为主体、市场为导向、产学研用相结合的技术创新体系，通过国家科技计划、专项等渠道加大支持力度，突破关键核心技术，提升产业竞争力。

（1）加强新能源汽车关键核心技术研究。大力推进动力电池技术创新，重点开展动力电池系统安全性、可靠性研究和轻量化设计，加快研制动力电池正负极、隔膜、电解质等关键材料及其生产、控制与检测等装备，开发新型超级电容器及其与电池组合系统，推进动力电池及相关零配件、组合件的标准化和系列化；在动力电池重大基础和前沿技术领域超前部署，重点开展高比能动力电池新材料、新体系以及新结构、新工艺等研究，集中力量突破一批支撑长远发展的关键共性技术。加强新能源汽车关键零部件研发，重点支持驱动电机系统及核心材料，电动空调、电动转向、电动制动器等电动化附件的研发。开展燃料电池电堆、发动机及其关键材料核心技术研究。把握世界新能源汽车发展动向，对其他类型的新能源汽车技术加大研究力度。

到 2015 年，纯电动乘用车、插电式混合动力乘用车最高车速不低于 100km/h，纯电驱动模式下综合工况续驶里程分别不低于 150km 和 50km；动力电池模块比能量达到 150(Wh)/kg 以上，成本降至 2 元/(Wh) 以下，循环使用寿命稳定达到 2000 次或 10 年以上；电驱动系统功率密度达到 2.5kW/kg 以上，成本降至 200 元/kW 以下。到 2020 年，动力电池模块比能量达到 300(Wh)/kg 以上，成本降至 1.5 元/(Wh) 以下。

（2）加大节能汽车技术研发力度。以大幅提高汽车燃料经济性水平为目标，积极推进汽车节能技术集成创新和引进消化吸收再创新。重点开展混合动力技术研究，开发混合动力专用发动机和机电耦合装置，支持开展柴油机高压共轨、汽油机缸内直喷、均质燃烧以及涡轮增压等高效内燃机技术和先进电子控制技术的研发；支持研制六档及以上机械变速器、双离合器式自动变速器、商用车自动控制机械变速器；突破低阻零部件、轻量化材料与激光拼焊成型技术，大幅提高小排量发动机的技术水平。开展高效控制氮氧化物等污染物排放技术研究。

（3）加快建立节能与新能源汽车研发体系。引导企业加大节能与新能源汽车研发投入，鼓励建立跨行业的节能与新能源汽车技术发展联盟，加快建设共性技术平台。重点开展纯电动乘用车、插电式混合动力乘用车、混合动力商用车、燃料电池汽车等关键核心技术研发；建立相关行业共享的测试平台、产品开发数据库和专利数据库，实现资源共享；整合现有科技资源，建设若干国家级整车及零部件研究试验基地，构建完善的技术创新基础平台；建设若干具有国际先进水平的工程化平台，发展一批企业主导、科研机构和高等院校积极参与的产业技术创新联盟。推动企业实施商标品牌战略，加强知识产权的创造、运用、保护和管理，构建全产业链的专利体系，提升产业竞争能力。

（二）科学规划产业布局

我国已建设形成完整的汽车产业体系，发展节能与新能源汽车既要利用好现有产业基础，也要充分发挥市场机制作用，加强规划引导，以提高发展效率。

（1）统筹发展新能源汽车整车生产能力。根据产业发展的实际需要和产业政策要求，合理发展新能源汽车整车生产能力。现有汽车企业实施改扩建时要统筹考虑建设新能源汽车产能。在产业发展过程中，要注意防止低水平盲目投资和重复建设。

（2）重点建设动力电池产业聚集区域。积极推进动力电池规模化生产，加快培育和发展一批具有持续创新能力的动力电池生产企业，力争形成2～3家产销规模超过百亿瓦时、具有关键材料研发生产能力的龙头企业，并在正负极、隔膜、电解质等关键材料领域分别形成2～3家骨干生产企业。

（3）增强关键零部件研发生产能力。鼓励有关市场主体积极参与、加大投入力度，发展一批符合产业链聚集要求、具有较强技术创新能力的关键零部件企业，在驱动电机、高效变速器等领域分别培育2～3家骨干企业，支持发展整车企业参股、具有较强国际竞争力的专业化汽车电子企业。

（三）加快推广应用和试点示范

新能源汽车尚处于产业化初期，需要加大政策支持力度，积极开展推广试点示范，加快培育市场，推动技术进步和产业发展。节能汽车已具备产业化基础，需要综合采用标准约束、财税支持等措施加以推广普及。

（1）扎实推进新能源汽车试点示范。在大中型城市扩大公共服务领域新能源汽车示范推广范围，开展私人购买新能源汽车补贴试点，重点在国家确定的试点城市集中开展新能源汽车产品性能验证及生产使用、售后服务、电池回收利用的综合评价。探索具有商业可行性的市场推广模式，协调发展充电设施，形成试点带动技术进步和产业发展的有效机制。

探索新能源汽车及电池租赁、充换电服务等多种商业模式，形成一批优质的新能源汽车服务企业。继续开展燃料电池汽车运行示范，提高燃料电池系统的可靠性和耐久性，带动氢的制备、储运和加注技术发展。

（2）大力推广普及节能汽车。建立完善的汽车节能管理制度，促进混合动力等各类先进节能技术的研发和应用，加快推广普及节能汽车。出台以企业平均燃料消耗量和分阶段目标值为基础的汽车燃料消耗量管理办法，2012年开始逐步对中国境内销售的国产、进口汽车实施燃料消耗量管理，切实开展相关测试和评价考核工作，并提出2016～2020年汽车产品节能技术指标和年度要求。实施重型商用车燃料消耗量标示制度和氮氧化物等污染物排放公示制度。

（3）因地制宜发展替代燃料汽车。发展替代燃料汽车是减少车用燃油消耗的必要补充。积极开展车用替代燃料制造技术的研发和应用，鼓励天然气（包括液化天然气）、生物燃料等资源丰富的地区发展替代燃料汽车。探索其他替代燃料汽车技术应用途径，促进车用能源多元化发展。

（四）积极推进充电设施建设

完善的充电设施是发展新能源汽车产业的重要保障。要科学规划，加强技术开发，探索有效的商业运营模式，积极推进充电设施建设，适应新能源汽车产业化发展的需要。

（1）制定总体发展规划。研究制定新能源汽车充电设施总体发展规划，支持各类适用技术发展，根据新能源汽车产业化进程积极推进充电设施建设。在产业发展初期，重点在试点城市建设充电设施。试点城市应按集约化利用土地、标准化施工建设、满足消费者需求的原则，将充电设施纳入城市综合交通运输体系规划和城市建设相关行业规划，科学确定建设规模和选址分布，适度超前建设，积极试行个人和公共停车位分散慢充等充电技术模式。通过总结试点经验，确定符合区域实际和新能源汽车特点的充电设施发展方向。

（2）开展充电设施关键技术研究。加快制定充电设施设计、建设、运行管理规范及相关技术标准，研究开发充电设施接网、监控、计量、计费设备和技术，开展车网融合技术研究和应用，探索新能源汽车作为移动式储能单元与电网实现能量和信息双向互动的机制。

（3）探索商业运营模式。试点城市应加大政府投入力度，积极吸引社会资金参与，根据当地电力供应和土地资源状况，因地制宜建设慢速充电桩、公共快速充换电等设施。鼓励成立独立运营的充换电企业，建立分时段充电定价机制，逐步实现充电设施建设和管理市场化、社会化。

（五）加强动力电池梯级利用和回收管理

制定动力电池回收利用管理办法，建立动力电池梯级利用和回收管理体系，明确各相关方的责任、权利和义务。引导动力电池生产企业加强对废旧电池的回收利用，鼓励发展专业化的电池回收利用企业。严格设定动力电池回收利用企业的准入条件，明确动力电池收集、存储、运输、处理、再生利用及最终处置等各环节的技术标准和管理要求。加强监管，督促相关企业提高技术水平，严格落实各项环保规定，严防重金属污染。

五、保障措施

（一）完善标准体系和准入管理制度

进一步完善新能源汽车准入管理制度和汽车产品公告制度，严格执行准入条件、认证要求。加强新能源汽车安全标准的研究与制定，根据应用示范和规模化发展需要，加快研究制定新能源汽车以及充电、加注技术和设施的相关标准。制定并实施分阶段的乘用车、轻型商用车和重型商用车燃料消耗量目标值标准。积极参与制定国际标准。2013 年前，基本建立与产业发展和能源规划相适应的节能与新能源汽车标准体系。

（二）加大财税政策支持力度

中央财政安排资金，对实施节能与新能源汽车技术创新工程给予适当支持，引导企业在技术开发、工程化、标准制定、市场应用等环节加大投入力度，构建产学研用相结合的技术创新体系；对公共服务领域节能与新能源汽车示范、私人购买新能源汽车试点给予补贴，鼓励消费者购买使用节能汽车；发挥政府采购的导向作用，逐步扩大公共机构采购节能与新能源汽车的规模；研究基于汽车燃料消耗水平的奖惩政策，完善相关法律法规。新能源汽车示范城市安排一定资金，重点用于支持充电设施建设、建立电池梯级利用和回收体系等。

研究完善汽车税收政策体系。节能与新能源汽车及其关键零部件企业，经认定取得高新技术企业所得税优惠资格的，可以依法享受相关优惠政策。节能与新能源汽车及其关键零部件企业从事技术开发、转让及相关咨询、服务业务所取得的收入，可按规定享受营业税免税政策。

（三）强化金融服务支撑

引导金融机构建立鼓励节能与新能源汽车产业发展的信贷管理和贷款评审制度，积极推进知识产权质押融资、产业链融资等金融产品创新，加快建立包括财政出资和社会资金投入在内的多层次担保体系，综合运用风险补偿等政策，促进加大金融支持力度。支持符合条件的节能与新能源汽车及关键零部件企业在境内外上市、发行债务融资工具；支持符合条件的上市公司进行再融资。按照政府引导、市场运作、管理规范、支持创新的原则，支持地方设立节能与新能源汽车创业投资基金，符合条件的可按规定申请中央财政参股，引导社会资金以多种方式投资节能与新能源汽车产业。

（四）营造有利于产业发展的良好环境

大力发展有利于扩大节能与新能源汽车市场规模的专业服务、增值服务等新业态，建立新能源汽车金融信贷、保险、租赁、物流、二手车交易以及动力电池回收利用等市场营销和售后服务体系，发展新能源汽车及关键零部件质量安全检测服务平台。研究实行新能源汽车停车费减免、充电费优惠等扶持政策。有关地方实施限号行驶、牌照额度拍卖、购车配额指标等措施时，应对新能源汽车区别对待。

（五）加强人才队伍保障

牢固树立人才第一的思想，建立多层次的人才培养体系，加大人才培养力度。以国家有关专项工程为依托，在节能与新能源汽车关键核心技术领域，培养一批国际知名的领军人才。加强电化学、新材料、汽车电子、车辆工程、机电一体化等相关学科建设，培养技术研究、产品开发、经营管理、知识产权和技术应用等人才。按照《国家中长期人才发展规划纲要（2010～2020年)》的有关要求推进人才引进工作，鼓励企业、高校和科研机构从国外引进优秀人才。重视发展职业教育和岗位技能提升培训，加大工程技术人员和专业技能人才的培养力度。

（六）积极发挥国际合作的作用

支持汽车企业、高校和科研机构在节能与新能源汽车基础和前沿技术领域开展国际合作研究，进行全球研发服务外包，在境外设立研发机构、开展联合研发和向国外提交专利申请。积极创造条件开展多种形式的技术交流与合作，学习和借鉴国外先进技术和经验。完善出口信贷、保险等政策，支持新能源汽车产品、技术和服务出口。支持企业通过在境外注册商标、境外收购等方式培育国际化品牌。充分发挥各种多双边合作机制的作用，加强技术标准、政策法规等方面国际交流与协调，合作探索推广新能源汽车的新型商业化模式。

六、规划实施

成立由工业和信息化部牵头，发展改革委、科技部、财政部等部门参加的节能与新能源汽车产业发展部际协调机制，加强组织领导和统筹协调，综合采取多种措施，形成工作合力，加快推进节能与新能源汽车产业发展。各有关部门根据职能分工制定本部门工作计划和配套政策措施，确保完成规划提出的各项目标任务。

有关地区要按照规划确定的目标、任务和政策措施，结合当地实际制定具体落实方案，切实抓好组织实施，确保取得实效。具体工作方案和实施过程中出现的新情况、新问题要及时报送有关部门。

附录 B　国务院办公厅关于加快电动汽车
充电基础设施建设的指导意见（国办发〔2015〕73 号）

充电基础设施是指为电动汽车提供电能补给的各类充换电设施，是新型的城市基础设施。大力推进充电基础设施建设，有利于解决电动汽车充电难题，是发展新能源汽车产业的重要保障，对于打造大众创业、万众创新和增加公共产品、公共服务"双引擎"，实现稳增长、调结构、惠民生具有重要意义。近年来，各地区、各部门认真贯彻落实国务院决策部署，积极推动电动汽车充电基础设施建设，各项工作取得积极进展，但仍存在认识不统一、配套政策不完善、协调推进难度大、标准规范不健全等问题。为加快电动汽车充电基础设施建设，经国务院同意，现提出以下意见：

一、总体要求

（一）指导思想

全面贯彻落实党的十八大和十八届二中、三中、四中全会精神，按照国务院决策部署，坚持以纯电驱动为新能源汽车发展的主要战略取向，将充电基础设施建设放在更加重要的位置，加强统筹规划，统一标准规范，完善扶持政策，创新发展模式，培育良好的市场服务和应用环境，形成布局合理、科学高效的充电基础设施体系，增加公共产品有效投资，提高公共服务水平，促进电动汽车产业发展和电力消费，方便群众生活，更好惠及民生。

（二）基本原则

统筹规划，科学布局。加强充电基础设施发展顶层设计，按照"因地制宜、快慢互济、经济合理"的要求，根据各地发展实际，做好充电基础设施建设整体规划，加大公共资源整合力度，科学确定建设规模和空间布局，同步建设充电智能服务平台，形成较为完善的充电基础设施体系。

适度超前，有序建设。着眼于电动汽车未来发展，结合不同领域、不同层次的充电需求，按照"桩站先行"的要求，根据规划确定的规模和布局，分类有序推进建设，确保建设规模适度超前。

统一标准，通用开放。加快制修订充换电关键技术标准，完善有关工程建设、运营服务、维护管理的标准。严格按照工程建设标准建设改造充电基础设施，健全电动汽车和充电设备的产品认证与准入管理体系，促进不同充电服务平台互联互通，提高设施通用性和开放性。

依托市场，创新机制。充分发挥市场主导作用，通过推广政府和社会资本合作（PPP）模式、加大财政扶持力度、建立合理价格机制等方式，引导社会资本参与充电基础设施体系建设运营。鼓励企业结合"互联网＋"，创新商业合作与服务模式，创造更多经济社会效益，实现可持续发展。

（三）工作目标

到2020年，基本建成适度超前、车桩相随、智能高效的充电基础设施体系，满足超过500万辆电动汽车的充电需求；建立较完善的标准规范和市场监管体系，形成统一开放、竞争有序的充电服务市场；形成可持续发展的"互联网＋充电基础设施"产业生态体系，在科技和商业创新上取得突破，培育一批具有国际竞争力的充电服务企业。

二、加大建设力度

（一）加强专项规划设计和指导

各地要将充电基础设施专项规划有关内容纳入城乡规划，完善独立占地的充电基础设施布局，明确各类建筑物配建停车场及社会公共停车场中充电设施的建设比例或预留建设安装条件要求。要以用户居住地停车位、单位停车场、公交及出租车场站等配建的专用充电设施为主体，以公共建筑物停车场、社会公共停车场、临时停车位等配建的公共充电设施为辅助，以独立占地的城市快充站、换电站和高速公路服务区配建的城际快充站为补充，形成电动汽车充电基础设施体系。原则上，新建住宅配建停车位应100％建设充电设施或预留建设安装条件，大型公共建筑物配建停车场、社会公共停车场建设充电设施或预留建设安装条件的车位比例不低于10％，每2000辆电动汽车至少配套建设一座公共充电站。鼓励建设占地少、成本低、见效快的机械式与立体式停车充电一体化设施。

（二）建设用户居住地充电设施

鼓励充电服务、物业服务等企业参与居民区充电设施建设运营管理，统一开展停车位改造，直接办理报装接电手续，在符合有关法律法规的前提下向用户适当收取费用。对有固定停车位的用户，优先在停车位配建充电设施；对没有固定停车位的用户，鼓励通过在居民区配建公共充电车位，建立充电车位分时共享机制，为用户充电创造条件。

（三）建设单位内部充电设施

具备条件的政府机关、公共机构和企事业单位，要结合单位电动汽车配备更新计划以及职工购买使用电动汽车需求，利用内部停车场资源，规划建设电动汽车专用停车位和充电设施。各地可将有关单位配建充电设施情况纳入节能减排考核奖励范围。

（四）建设公共服务领域充电设施

对于公交、环卫、机场通勤等定点定线运行的公共服务领域电动汽车，应根据线路运营需求，优先在停车场站配建充电设施，沿途合理建设独立占地的快充站和换电站。对于出租、物流、租赁、公安巡逻等非定点定线运行的公共服务领域电动汽车，应充分挖掘单位内部停车场站配建充电设施的潜力，结合城市公共充电设施，实现高效互补。

（五）建设城市公共充电设施

公共充电设施建设应从城市中心向边缘、从城市优先发展区域向一般区域逐步推进。优先在大型商场、超市、文体场馆等建筑物配建停车场以及交通枢纽、驻车换乘（P+R）等公共停车场建设公共充电设施。鼓励在具备条件的加油站配建公共快充设施，适当新建独立占地的公共快充站。鼓励有条件的单位和个人充电设施向社会公众开放。

（六）建设城际快速充电网络

充分利用高速公路服务区停车位建设城际快充站。优先推进京津冀鲁、长三角、珠三角区域城际快充网络建设，适时推进长江中游城市群、中原城市群、成渝城市群、哈长城市群城际快充网络建设，到2020年初步形成覆盖大部分主要城市的城际快充网络，满足电动汽车城际、省际出行需求。

三、完善服务体系

（一）完善充电设施标准规范

加快修订出台充电接口及通信协议等标准，积极推进充电接口互操作性检测、充电服务平台间数据交换等标准的制修订工作，实现充电标准统一。开展充电设施设置场所消防等安全技术措施研究，及时制修订相关标准。完善充换电设备、电动汽车电池等产品标准，明确防火安全要求。制定无线充电等新型充电技术标准。完善充电基础设施计量、计费、结算等运营服务管理规范，加快建立充电基础设施的道路交通标志体系。

（二）建设充电智能服务平台

大力推进"互联网＋充电基础设施"，提高充电服务智能化水平，提升运营效率和用户体验，促进电动汽车与智能电网间能量和信息的双向互动。鼓励围绕用户需求，运用移动互联网、物联网、大数据等技术，为用户提供充电导航、状态查询、充电预约、费用结算等服务，拓展平台增值业务。

（三）建立互联互通促进机制

组建国家电动汽车充电基础设施促进联盟，配合有关政府部门严格充电设施产品准入管理，开展充电设施互操作性的检测与认证。构建充电基础设施信息服务平台，统一信息交换协议，有效整合不同企业和不同城市的充电服务平台信息资源，促进不同充电服务平台互联互通，为制定实施财税、监管等政策提供支撑。

（四）做好配套电网接入服务

各地要将充电基础设施配套电网建设与改造项目纳入配电网专项规划，在用地保障、廊道通行等方面给予支持。电网企业要加强充电基础设施配套电网建设与改造，确保电力供应满足充换电设施运营需求；要为充电基础设施接入电网提供便利条件，开辟绿色通道，限时办结。电网企业负责建设、运行和维护充电基础设施产权分界点至电网的配套接网工程，不得收取接网费用，相应资产全额纳入有效资产，成本据实计入准许成本，并按照电网输配电价回收。

（五）创新充电服务商业模式

鼓励探索大型充换电站与商业地产相结合的发展方式，引导商场、超市、电影院、便利店等商业场所为用户提供辅助充电服务。鼓励充电服务企业通过与整车企业合作、众筹等方式，创新建设充电基础设施商业合作模式，并采取线上线下相结合等方式，提供智能充放电、电子商务、广告等增值服务，提升充电服务企业可持续发展能力。

四、强化支撑保障

（一）简化规划建设审批

各地要按照简政放权、放管结合、优化服务的要求，减少充电基础设施规划建设审批环节，加快办理速度。个人在自有停车库、停车位，各居住区、单位在既有停车位安装充电设施的，无须办理建设用地规划许可证、建设工程规划许可证和施工许可证。建设城市公共停车场时，无须为同步建设充电桩群等充电基础设施单独办理建设工程规划许可证和施工许可证。新建独立占地的集中式充换电站应符合城市规划，并办理建设用地规划许可证、建设工程规划许可证和施工许可证。

（二）完善财政价格政策

加大对充电基础设施的补贴力度，加快制定"十三五"期间充电基础设施建设财政奖励办法，督促各地尽快制定有关支持政策并向社会公布，给予市场稳定的政策预期。在产业发展初期通过中央基建投资资金给予适度支持。对向电网经营企业直接报装接电的经营性集中式充换电设施用电，执行大工业用电价格，2020年前暂免收取基本电费；其他充电设施按其所在场所执行分类目录电价。允许充电服务企业向用户收取电费及服务费，对不同类别充电基础设施，指导各地兼顾投资运营主体合理收益与用户使用经济性等，及早出台充电服务费分类指导价格，并在总结各地经验基础上，逐步规范充电服务价格机制。

（三）拓宽多元融资渠道

各地要有效整合公交、出租车场站以及社会公共停车场等各类公共资源，通过PPP等方式，为社会资本参与充电基础设施建设运营创造条件。鼓励金融机构在商业可持续原则下，创新金融产品和保险品种，综合运用风险补偿等政策，完善金融服务体系。推广股权、项目收益权、特许经营权等质押融资方式，加快建立包括财政出资和社会资本投入的多层次担保体系，积极推动设立融资担保基金，拓宽充电基础设施投资运营企业与设备厂商的融资渠道。鼓励利用社会资本设立充电基础设施发展专项基金，发行充电基础设施企业债券，探索利用基本养老保险基金投资支持充电基础设施建设。

（四）加大用地支持力度

各地要将独立占地的集中式充换电站用地纳入公用设施营业网点用地范围，按照加油加气站用地供应模式，根据可供应国有建设用地情况，优先安排土地供应。供应新建项目用地需配建充电基础设施的，可将配建要求纳入土地供应条件，允许土地使用权取得人与其他市场主体合作，按要求投资建设运营充电基础设施。鼓励在已有各类建筑物配建停车场、公交场站、社会公共停车场、高速公路服务区等场所配建充电基础设施，地方政府应协调有关单位在用地方面予以支持。

（五）加大业主委员会协调力度

制定全国统一的私人用户居住地充电基础设施建设管理示范文本。各地房地产行政主管部门、街道办事处和居委会要按照示范文本，主动加强对业主委员会的指导和监督，引导业主支持充电基础设施建设。业主大会、业主委员会应依据示范文本，结合自身实际，明确物业服务区域内建设管理充电基础设施的流程。

（六）支持关键技术研发

依托示范项目，积极探索充电基础设施与智能电网、分布式可再生能源、智能交通融合发展的技术方案，加强检测认证、安全防护、与电网双向互动、电池梯次利用、无人值守自助式服务、桩群协同控制等关键技术研发。充分发挥企业创新主体作用，加快推动高功率密度、高转换效率、高适用性、无线充电、移动充电等新型充换电技术及装备研发。

（七）明确安全管理要求

各地要建立充电基础设施安全管理体系，完善有关制度和标准，加大对用户私拉电线、违规用电、不规范建设施工等行为的查处力度。依法依规对充电基础设施设置场所实施消防设计审核、消防验收以及备案抽查，并加强消防监督检查。行业主管部门要督促充电基础设施运营使用的单位或个人，加强对充电基础设施及其设置场所的日常消防安全检查及管理，及时消除安全隐患。

五、做好组织实施

（一）落实地方主体责任

各地要切实承担起统筹推进充电基础设施发展的主体责任，将充电基础设施建设管理作为政府专项工作。建立由发展改革（能源）部门牵头、相关部门紧密配合的协同推进机制，明确职责分工，完善配套政策。2016年3月底前发布充电基础设施专项规划，制定出台充电基础设施建设运营管理办法，并抓好组织实施。

（二）加大示范推广力度

各地要结合新能源汽车推广应用需要，针对充电基础设施发展的重点和难点，开展充电基础设施建设与运营模式试点示范。建立"示范小区与单位""示范城市与区县""城际快充示范区域"三级示范工程体系。在示范项目中要充分发挥现有公共设施的作用，加强政企合作，创新城市充电基础设施建设与运营模式，完善相关标准规范与配套政策，探索各种先进适用充电技术，总结形成可复制、可推广的充电基础设施发展经验，促进充电基础设施加快普及。

（三）营造良好舆论环境

各有关部门、企业和新闻媒体要通过多种形式加强对充电基础设施发展政策、规划布局和建设动态等的宣传，让社会各界全面了解充电基础设施，吸引更多社会资本参与充电基础设施建设运营，同时加强舆论监督，曝光阻碍充电基础设施建设、损害消费者权益等行为，形成有利于充电基础设施发展的舆论氛围。

（四）形成合力协同推进

发展改革委、能源局要会同工业和信息化部、住房城乡建设部、国土资源部等有关部门，依托节能与新能源汽车产业发展部际联席会议制度，加强部门协同配合，强化对各地的指导与监督，及时总结推广成功经验和有效做法，重大情况及时向国务院报告。能源局要从严格标准执行、理顺价格机制、加强供电监管、促进互联互通、引入社会资本等方面加快完善充电服务监管；住房城乡建设部、国土资源部、公安部要分别从规划建设标准、设施用地、消防安全和交通标志等方面为充电基础设施建设运营创造有利条件；财政部、银监会、保监会要通过加大财政支持、强化金融服务与保障等方式，增强社会资本信心。国管局、国资委要分别指导政府机关、公共机构和国有企事业单位率先在内部停车场建设充电基础设施。其他相关部门要按照各自职责分工，做好协同配合工作。